몸
교과서

청소년들의 인생 수업을 위한 첫걸음

몸 교과서

1판 1쇄 발행 | 2021. 9. 27.
1판 5쇄 발행 | 2023. 11. 10.

강준호·김정효·송형석·박재범·문효열 글 | 이지후 그림

발행처 김영사 | **발행인** 고세규
편집 문자영 | **디자인** 김민혜 | **마케팅** 서영호 | **홍보** 박은경 조은우
등록번호 제 406-2003-036호 | **등록일자** 1979. 5. 17.
주소 경기도 파주시 문발로 197(우10881)
전화 마케팅부 031-955-3100 | 편집부 031-955-3113~20 | 팩스 031-955-3111

값은 표지에 있습니다.
ISBN 978-89-349-7184-9 43110

좋은 독자가 좋은 책을 만듭니다. 김영사는 독자 여러분의 의견에 항상 귀 기울이고 있습니다.
전자우편 book@gimmyoung.com | 홈페이지 www.gimmyoungjr.com

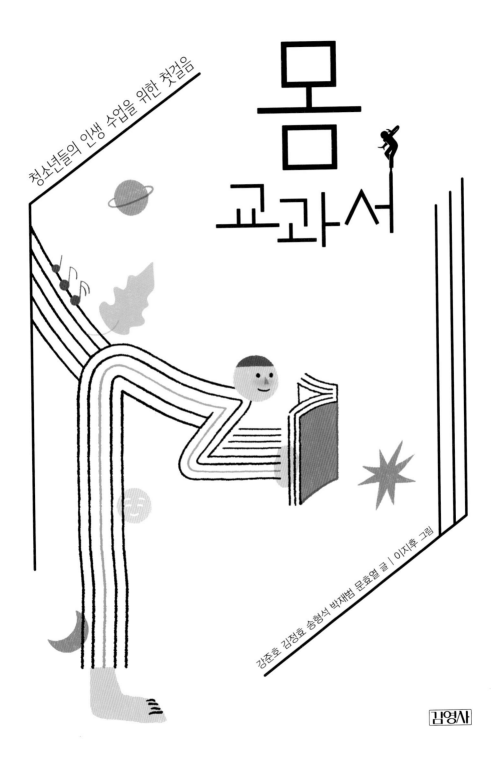

청소년들의 인생 수업을 위한 첫걸음

몸
교과서

강준호 김정효 송형석 박재범 문효열 글 | 이지후 그림

김영사

자신의 몸을 사랑하세요

인간은 평소에 공기를 의식하지 못하지만 공기가 희박해지거나 오염되면 그때서야 공기의 중요성을 인식합니다. 인간의 몸도 공기와 같습니다. 우리는 몸으로 존재하지만 평소에는 그 중요성을 느끼지 못하다 몸에 이상이 생기면 그것이 얼마나 소중한 것인지 느끼게 됩니다.

인간은 살아 있는 동안 물질로 존재합니다. 영어로 'physical'은 '신체의' 혹은 '육체적인'이라는 뜻과 함께 '물질의', 그리고 '물질적인'이라는 뜻이 동시에 있습니다. 물리적 존재로서의 우리 몸은 생물학적 법칙의 지배를 받습니다. 배고프면 먹어야 하고 졸리면 자야 합니다. 충분한 영양과 적당한 운동이 발육과 발달에 매우 중요한 이유도 우리의 몸이 생물학적 원리에서 벗어날 수 없기 때문입니다.

그러나 우리의 몸은 생물학에 갇힌 물질을 넘어 매우 많은 일을 합니다. 젓가락을 쥐었던 손으로 문자를 보내기도 하고 피아노를 치기도 하고 농구의 3점 슛을 던지기고 합니다. 심지어 손가락으로 욕설까지 할 수 있습니다. 왜 화장을 하고 예쁜 옷을 입을까요? 왜 어른을 만나면 고개 숙여 인사를 할까요? 그 밖에도 우리의 몸은 무수히 많은 이야기를 품고 있습니다.

이 책은 우리에게 몸이 얼마나 많은 이야기를 품고 있는지 들려줍니다. 우리 삶의 전 과정은 몸을 통해 이루어집니다. 그동안 우리는 몸에 대해 직접적으로 알 수 있는 기회를 갖지 못했습니다. 몸이 소중하다고 말해 왔지만 왜 소중한지는 말하지 않았습니다. 이 책에는 짧게 부분적으로 알았던 몸에 대한 지식과 생각을 한곳에 모아 놓았습니다. 이 책은 그래서 몸에 대한 교과서라고 할 수 있습니다. 시험을 봐야 할 교과목으로서가 아니라 반드시 알아야 할 내용을 묶어 놓았다는 의미입니다.

이 책의 저자들은 우리나라를 대표하는 스포츠학자들입니다. 스포츠학은 의학과 함께 몸을 다루는 대표적인 학문입니다. 의학이 병든 몸을 고치는 분야라면 스포츠학은 병들지 않은 사람을 더욱 건강하고 행복하게 만드는 분야라고 할 수 있습니다. 이 책에는 청소년들이 몸에 관한 올바른 지식과 습관을 가지고 성장하길 바라는 저자들의 마음이 담겨 있습니다.

자신의 몸을 안다는 것은 자신을 깊이 사랑한다는 뜻입니다. 특히 몸의 변화가 많은 청소년기에 몸에 대한 바람직한 인식은 매우 중요합니다. 이 책은 소중한 몸을 더욱 소중하게 만드는 생각과 방법으로 구성되어 있습니다. 어디를 펼쳐 읽어도 내 몸 구석구석이 새로운 의미로 다가올 것입니다. 그리하여 행복해지기 위해서는 자신의 몸을 사랑해야 한다는 메시지를 전해 줍니다. 저는 이 책이 청소년들에게 꼭 읽히기를 바랍니다. 왜냐하면 청소년들이 건강하고 행복하기를 원하기 때문입니다.

서울대학교 총장 오세정

머리말

몸은 정신과 신체가 혼재된
내 삶의 실체입니다

우리는 몸 없이 존재할 수 없습니다. 인간은 몸을 기반으로 생각하고 느끼고 행동합니다. 삶과 죽음의 경계도 몸에 있습니다. 몸은 곧 우리 자신인 것입니다. 그런데 이상합니다. 이렇게 중요한 몸에 대해서 우리는 잘 모릅니다. 잘 아는 것 같지만 사실은 잘 모릅니다. 몸에 대해 제대로 배워 본 적이 없기 때문입니다.

인류는 오랫동안 인간의 정신과 신체가 분리되어 있으며 정신이 신체를 지배한다고 믿었습니다. 고대 그리스 시대부터 정신에 비해 신체를 경시했고, 심지어 중세 시대에는 몸을 욕망의 덩어리로 인식하며 죄악시하기도 했습니다. 현대 사회에서도 많은 사람이 몸을 마음과 분리하여 정신을 담는 물질적 실체로만 생각합니다. 정신이 신체를 지배한다는 심신이원론적 생각은 교육 제도가 지식 위주로 만들어지게 된 토대이기도 합니다.

하지만 몸은 인간을 이해하고 나를 변화시키며 행복한 삶을 살기 위한 키워드입니다. 자신만의 고유한 삶을 능동적으로 만들어가기 위해서는 자기 몸을 사랑해야 합니다. 많은 현대 사상가는 이미 몸이 인간 존재의 근원이자 삶의 실체라

6

고 주장했습니다. 뇌신경과학도 정신과 신체는 분리될 수 없으며 동전의 앞뒷면과 같이 상호 밀접하게 연결되어 있다는 사실을 점점 더 분명하게 보여 주고 있습니다. 경험적으로도 우리는 일상에서 마음이 몸을 따라가는 경우가 얼마나 많은지 잘 알고 있습니다.

그러나 안타깝게도 가정이나 학교에서 몸에 대해 가르치지 않습니다. 단지 신체와 관련한 건강 정보를 단편적으로 제공할 뿐입니다. 체육 수업이 있지만 신체 활동 자체에만 관심을 가질 뿐 인간 삶의 총체적인 실체로서의 몸에 대해서는 다루지 않습니다. 이것이 초등, 중등, 고등학교를 거쳐 대학 교육까지 받으며 많은 지식을 습득하지만 우리의 인성과 삶이 그만큼 바뀌지 않는 근본적인 이유 중 하나입니다.

이 책의 목적은 인간과 삶을 몸의 관점에서 새롭게 바라보고, 생각하고, 살아 보게 하는 것입니다. 몸이란 무엇인지, 몸이 어떻게 작동하는지, 몸이 우리 삶에 어떻게 관여하는지, 그리고 행복한 삶의 기반으로서 몸을 어떻게 다루어야 하는지 소개하고자 합니다. 부디 신체적 변화가 많은 청소년들이 이 책을 통해 몸에 대해 올바른 인식을 가지고 더 건강하고 행복한 삶을 만들어 가길 소망합니다.

마지막으로, 그동안 이 책의 집필을 물심양면으로 후원해 주신 플라톤 아카데미 재단의 최창원 이사장님과 관계자 여러분, 그리고 책의 기획 의도를 전폭적으로 지지해 주시고 집필에 기꺼이 동참해 주신 송형석, 김정효, 박재범, 문효열 박사님께 진심으로 감사드립니다. 또한 궂은 일을 마다않고 성심껏 도와준 이준민 학생과 필요할 때마다 크고 작은 도움을 주신 주니어김영사의 문자영 팀장님에게도 고맙다는 말씀을 드립니다. 아울러 항상 저의 든든한 버팀목이 되어 준 아내 수현이와 두 딸, 주연이 주은이에게도 사랑과 감사의 마음을 전합니다.

2021년 9월 관악산 연구실에서
대표 저자 강준호

01

몸이란 무엇인가

| 자신이 동물 같다고 느낀 적이 있는가?

| 몸무게처럼 마음의 무게도 잴 수 있을까?

| 몸으로 표현할 수 있는
가장 아름다운 동작은 무엇일까?

비밀과 이야기를 간직한 몸

우리는 매일 침대에서 일어나 세수하고, 밥 먹고, 걷고, 공부하고, 잠자리에 든다. 하지만 그것이 모두 몸으로 이루어지고 있다는 자각은 하지 못한다. 삶을 살아가는 데 더없이 소중한 물질적 토대인 몸은 많은 이야기와 생각거리를 우리에게 선사한다.

몸을 여행하는 긴 여정에 앞서 이 장에서는 몸이 감추고 있는 이야기를 마치 드론으로 아래를 내려다보듯 넓게 살펴볼 것이다. 인간의 몸은 가소성, 관계성, 상징성이라는 커다란 특징을 가진다.

가소성이란 만들어지는 성질을 말한다. 몸은 의지와 목적에 따라 변형할 수 있다. 이성에게 호감을 사기 위해 근육을 만들기도 하고, 다이어트로 매끈한 몸매를 보여 주기도 한다. 한편으로 인간의 몸은 걸음걸이부터 앉음새까지 문화의 간섭을 받는다. '여성스럽다', '남자답다'는 젠더적 편견도 넓게 보아 몸에 대한 문화의 간섭이라 할 수 있다.

우리 몸은 언뜻 독립된 개체처럼 보이지만 타자와 분리될 수 없는 관계를 가진다. 이를 '몸의 관계성'이라고 한다. 몸은 언제나 타자와의 관계에서 만들어지고, 보이고, 느끼면서 살아간다. 키가 작아서 열등감을 갖거나 뚱뚱하다고 고민하는 것도 몸의 관계성을 보여 준다. 청소년기에 자신의 몸과 패션에 관심이 커지는 이유도 다른 사람을 의식하기 때문이다.

또한 우리 몸은 행위나 동작을 통해 전혀 다른 의미를 만들어 내는 상징성을 가진다. 기도와 합장은 자신을 낮추고 보이지 않는 절대적인 힘에 복종하고 의지하는 경외의 마음을 몸으로 드러낸 것이다. 이처럼 몸이 어떤 의미를 나타내는 것을 '몸의 상징성'이라고 한다. 비보잉과 힙합은 자신의 감정을 몸으로 표현하는 대표적인 상징 행위라 할 수 있다.

이처럼 우리 몸은 아직 가 보지 않은 여행지처럼 많은 비밀과 이야기를 숨기고 있다. 지금부터 그 흥미진진한 여행을 시작해 보자.

짜장 반 짬뽕 반

우리 몸은 매일 충분한 수면과 일정한 음식을 필요로 한다. 배가 고프면 이유 없이 짜증이 나고 잠을 설치면 신경이 예민해져 사소한 일에도 화를 내기 쉽다. 이런 반응은 인간이 생물학적으로 여느 동물과 다르지 않음을 말해 준다. 배가 고프면 먹어야 하고 졸리면 자야 한다.

몸과 마음을 분리할 수 있을까

본능적으로는 동물과 다름없지만, 인간은 자신보다 더 굶주린 타인을 위해 음식을 양보하거나 위험과 공포를 무릅쓰고 불길 속에 뛰어들어 타인을 구하기도 한다. 이런 본능을 거스르는 행위는 어디에서 올까? 인간의 이타심을 두고 많은 학자는 생각하는 능력인 이성에서 해답을 찾는다. 인간은 이성으로 본능을 억제하고 타인이 바라는 대로 행동한다. 그래서 종종 본능과 이성을 대립하는 관계라고 여기기도 한다.

본능과 이성의 대립은 인간이 육체와 정신으로 분리되어 있다는 생각을 만들었다. 이렇게 생각한 대표적인 철학자가 르네 데카르트이다. 그는 인간의 육체가 자연법칙의 지배를 받는 물질인 반면에, 정신은 생각이라는 비물질적 것에 따라 움직이므로 실체가 전혀 다르다고 주장했다. 이런 생각을 '심신 이원론'이라고 부른다. 그러나 이는 마치 남대문, 경복궁 등을 실컷 구경한 외국인이 뜬금없이 서울이 어디에 있느냐고 묻는 것과 같다. 남대문, 경복궁을 서울과 분리할 수 없듯이 몸과 마음도 인간에게서 분리되지 않는다. 조금 더 알기 쉽게 설명하자면, 짜장 반 짬뽕 반으로 시켜 먹어도 배가 부르다는 점에서는 차이가 없다.

생물학적인 몸과 문화적인 몸

몸은 다시 두 가지로 나뉜다. 생물학적 층위와 문화적 층위이다. 생물학적 층위란 인간의 의지로 어쩔 수 없는 몸의 특성을 말한다. 우리는 심장과 위장의 운동을 자유롭게 조절하지 못한다. 이처럼 생명 유지를 위해 저절로 움직이는 몸의 특성은 인간이 유기체의 하나라는 사실을 알려 준다.

문화적 층위로서 몸은 인간의 모든 본능과 욕구에 관여해 끊임없이 무언가를 하게 만든다. 바르게 걸어야 하고, 똑바로 서 있어야 하는 등 자연스러운 행위조차 몸은 문화의 간섭을 받는다. 여자는 치마를 입어야 하고, 야구나 럭비 같은 위험한 스포츠에 참여하지 않는 것이 바람직하다는 젠더적 편견도 넓게 보면 몸에 대한 문화의 간섭이다.

몸은 의지와 목적에 따라 만들어진다

사회가 발달할수록 생물학적 층위와 문화적 층위는 서로 복잡하게 얽혀 뜻하지 않은 논란을 불러일으키기도 한다. 특히 의학과 과학 기술의 발달은 인간의 몸이 가진 생물학적 층위에 균열을 만든다. 성형 기술이 발전해 누구나 마음만 먹으면 예전 자신의 얼굴과 헤어질 수 있다. 트랜스젠더는 스스로 생물학적 정체성을 뒤집은 경우로, 남성과 여성의 선택이 천부적이지 않다는 점을 확인시켜 준다.

이런 사실들은 인간의 몸이 변형될 수 있는 가소성을 본질로 한다는 점을 일깨워 준다. 가소성이란 외부의 자극에 따라 형태를 달리하는 성질을 말한다. 우리는 몸을 의지와 목적에 따라 바꿀 수 있다. 식스 팩을 만들고, 다이어트와 운동으로 원하는 몸매를 만들 수도 있다.

몸은 삶의 존재론적 조건이자 삶의 지평을 넓히는 물질적인 토대이다. 몸의 움직임이 정지된 지점이 죽음이라면, 거기에 도달하기 전 몸을 움직일 자유는 전적으로 개인에게 있다. 자신의 몸을 아름답게 가꿀 수도 있고, 함부로 다룰 수도 있다. 어떤 선택을 하든 개인의 몫이고 자유이다. 그러나 건강하지 못한 몸은 모든 선택에서 제외된다는 사실을 잊지 말아야 한다.

| 이야기해 보기 |

스모 선수의 몸과 발레리나의 몸이 다른 것처럼 인간의 몸은 의지에 따라 만들어진다. 우리의 몸은 어디까지 만들어질 수 있을지 이야기해 보자.

가운뎃손가락을 함부로 들어 올리지 마라

우리는 종종 옆 사람이 하품을 하면 나도 모르게 따라 한다. 영화 속의 주인공이 절벽에 아슬아슬 매달려 있으면 몸이 저릿하고 마음이 초조해진다. 이런 반응은 인간의 몸이 타인과 깊게 연결되어 있음을 나타낸다.

인간은 '결핍 존재'

우리 몸은 생물학적으로 독립된 개체처럼 보이지만 타자와 분리될 수 없는 관계를 가진다. 이를 '몸의 관계성'이라고 한다. 강아지와 말 등의 포유동물은 태어나자마자 걸음을 떼지만, 인간은 돌쯤에야 비로소 두 발로 걷는다. 이 1년여 동안 아기는 부모에게 걷는 방법을 배운다.

독일의 철학자 아르놀트 겔렌은 이러한 인간의 특징을 '결핍 존재'로 불렀다. 인간은 다른 동물에 비해 발달과 발육이 매우 더뎌 오랫동안 부모에게 도움을 받는다. 먹는 것에서 말하기까지 아기는 온전히 살아가기에 부족한 능력을 부모의 보살핌과 문화적 양육을 통해 채워 나간다. 이처럼 인간의 몸은 자신의 바깥에 있는 타자의 몸과 밀접한 관계를 맺는다.

몸은 언제나 타자와의 관계에서 만들어지고, 보이고, 느끼면서 살아간다.

키가 작거나 몸이 뚱뚱하다고 고민하는 것도 몸의 관계성을 보여 준다. 자신의 몸이 작거나 뚱뚱하다고 느끼는 것은 타자의 시선을 몸으로 의식한다는 뜻이다. 그래서 날씬한 몸매나 탄탄한 근육을 만들고 싶은 욕구는 나의 몸에 애정이 투영된 결과로 매우 자연스러운 일이다.

내 몸은 나의 것이고 타자의 것이기도 하다

모방과 흉내는 문화를 익히는 과정으로 이해할 수 있다. 포크 대신 젓가락질을 배우고 어른에게 고개를 숙여 인사하는 행위는 서양과 다른 우리나라의 식문화이며 예절이다. 예의범절은 대부분 몸을 통해 드러난다. 우리나라에서는 아무리 친밀한 사이라도 선생님의 어깨에 손을 얹지 않는다. 아직 문신에 관대하지 않은 이유도 문화적인 영향이 크다.

문화로서의 몸은 내 몸이 내 것이면서 타자의 것이라는 사실을 의미한다. 누군가와 악수할 때 내 손은 만지는 것이고 만져지는 것이다. 또한 가운뎃

손가락을 들어 올리거나 하트 모양을 그리는 행위는 내가 하지만, 그것이 향하는 대상은 타자이다. 인간의 행위와 태도는 타자가 없으면 의미를 갖지 못한다. 심지어 예쁘고, 착하고, 멋있다는 가치 판단조차 타자를 위해 존재한다.

몸은 감정을 전달하는 통로

몸의 관계성은 접촉 없이도 드러난다. 배구 경기에서 세터가 올려 준 공을 정확한 타이밍과 높이로 뛰어올라 상대 코트에 내리꽂는 기술은 공격수와 세터 사이에 보이지 않는 교감과 호흡이 있어야 가능하다. 스포츠는 자기편 선수뿐 아니라 상대편 선수의 움직임을 몸으로 느끼면서 반응하고 대응하는 까닭에 타인의 감정을 쉽게 이해하게 한다.

그래서 몸은 감정을 전달하는 통로가 되기도 한다. 화가 나면 얼굴이 달아오르는 것은 감정과 몸이 분리될 수 없음을 드러낸다. 몸으로 드러난 감정은 쉽게 옆 사람에게 옮겨 간다. 아기의 웃음은 보는 사람을 기쁘게 하고, 거만한 태도는 많은 사람을 불편하게 한다. 따라서 나의 태도와 행위는 타인에게 웃음과 평화가 되기도 하고, 불쾌와 짜증이 되기도 한다. 가운뎃손가락을 함부로 들어 올리지 말아야 하는 까닭도 여기에 있다. 인간은 몸을 통해 보이지 않는 타인의 마음을 읽는다. 문득 아버지의 뒷모습에서 뭉클함을 느끼는 것은 아버지의 마음이 몸으로 드러난 때문인지도 모른다.

___ / 이야기해 보기 / _____

상대를 기쁘게 하는 몸짓과 기분 나쁘게 하는 몸짓에는 어떤 것이 있는지 이야기해 보자. 그리고 왜 그런 느낌이 드는지 친구와 이야기해 보자.

춤이나 춰 볼까

춤은 몸으로 표현하는 예술의 대표적인 장르이다. 인간은 채집 생활을 하던 원시 시대부터 춤으로 개인과 집단의 감정을 표현해 왔다. 비보잉과 힙합이 젊은이의 감정을 표현하듯 인간의 몸은 춤을 통해 감정과 메시지를 전달한다. 이때의 춤은 전혀 다른 의미를 만드는 상징 행위가 된다.

상징으로 가득 찬 몸

일반적으로 추상적인 느낌이나 관념을 구체적인 형태로 나타내는 일을 상징 혹은 상징화라고 부른다. 올림픽 개막식에서 인류의 염원인 평화는 비둘기를 통해 상징화된다. 우리가 일상생활에서 자주 하는 '하이파이브'나 '엄지 척'도 일종의 상징 행위이다. 인간의 행위 중 몸을 통한 상징 행위는 주로 의례에서 일어난다. 의례는 자신의 믿음과 사상을 몸으로 상징화하는 절차라고 할 수 있다. 성당과 사찰에서 이루어지는 성호 긋기와 108배는 몸의 상징화된 표현 중 대표적인 예이다. 설날에 어른들에게 세배를 드리고 떡국을 먹는 풍습도 새로운 한 해를 맞는 몸의 상징적 표현에 해당한다.

예술이 인간의 몸에 관심을 가진 이유도 몸이 갖는 상징성 때문이다. 밀로의 비너스 조각상은 인체가 얼마나 아름다운지를 양팔이 떨어져 나간 여백의 자세로 보여 준다. 서양의 미술사에서 인간의 몸은 가장 빈번히 다루어진 대상이다. 심지어 레오나르도 다빈치는 몸을 더욱 아름답게 표현하려고 해부학을 공부할 정도였다.

그러고 보면 우리 몸은 상징으로 가득 차 있다. 거기에서 상징을 끄집어내는 능력이 창조성이다. 창조성은 기술과 뗄 수 없는 관계를 가진다. 예를 들어, 조각가가 있다고 하자. 그는 그저 커다란 덩어리일 뿐인 나무에 조각칼을 들이대고 후벼 파내어 아름다운 소녀상을 만들어 낸다. 나무에서 소녀의 모습을 끄집어낸 것은 전적으로 조각가의 창조성이다.

상상력은 몸의 상징성을 만든다

스포츠는 기술을 통해 인간의 몸이 가진 상징성을 직접적으로 전달한다.

몸으로 표현한 인종 차별에 대한 항거

　미국 뉴욕의 할렘가 출신 소년 존 카를로스는 국가 대표 수영 선수가 꿈이었다. 그러나 1960년대의 미국은 인종 차별이 극심해, 흑인은 백인과 같은 수영장을 사용할 수 없었다. 어린 카를로스에게 이런 경험은 흑인의 인권 신장에 눈뜨게 했다. 그 후 카를로스는 육상으로 종목을 바꿔, 1968년 멕시코 올림픽 육상 남자 200미터에서 동메달을 땄다. 시상식에서 미국의 국가가 울려 퍼지자 카를로스는 동료 토미 스미스와 함께 고개를 숙이고 검은 장갑을 낀 왼손 주먹을 하늘로 뻗었다. 시상대에 선 카를로스와 스미스는 온몸으로 인종 차별에 항거했다. 그들의 행위는 어쩌면 몸으로 표현할 수 있는 가장 큰 메시지였는지 모른다.

모든 스포츠는 개인의 신체적 탁월성을 기술로 드러내는데, 그것의 발현 과정은 예술가의 창조성과 매우 비슷하다. 새로운 기술을 구현하게 되었을 때의 기쁨은 자신 안에 있던 가능성이 드러나는 놀라운 경험이다.

예를 들어, 높이뛰기는 인간이 기계의 도움 없이 얼마나 높이 뛰어넘을 수 있는가를 드러낸다. 올림픽 육상 경기에서 높이뛰기는 딕 포스베리라는 사람이 등장하기 전까지 다리를 가위처럼 움직여 뛰어넘거나 배가 닿을락 말락 하게 넘는 스트래들이라는 방법이 주류였다. 포스베리는 바를 등지고 뛰어넘는 것이 훨씬 과학적이고 효과적임을 깨닫고, 연습을 거듭해 1968년 멕시코 올림픽에서 금메달을 목에 걸었다. 그의 이름을 따 '포스베리 백 플롭'이라고 불리는 배면뛰기 기술은 인간이 얼마나 높이 뛰어넘을 수 있는지를 상징적으로 보여 준다.

높이뛰기는 어쩌면 인간의 날고 싶은 욕망이 몸으로 표현된 것인지 모른다. 바를 뛰어넘는 그 아슬아슬한 순간 선수의 몸이 날개처럼 보인다면, 우리는 이미 자신의 몸에 날개를 단 것과 마찬가지이다. 몸의 상징성은 이처럼 상상력으로 만들어진다. 인간의 상상력이 만든 움직임이 현실이 될 때 몸은 그 자체로 하나의 상징이 된다. 축구든 달리기든 혹은 힙합이든 몸을 통해 자신의 숨어 있는 가능성을 열어 보면 어떨까. 아니면 마이클 잭슨의 '문 워킹'이라도 해 보자. 달의 표면을 걷는 상상을 하면서.

| 이야기해 보기 |

사랑, 평화, 기쁨을 몸으로 표현해 보자. 그리고 자신의 특정 감정을 몸으로 표현한 후, 친구와 그 감정을 서로 맞춰 보자.

02

반응하는 몸

| 끊임없이 일하는 몸을 우리는 어디까지 알고 있을까?

| 많은 생명체와 공생하는 몸, 과연 내 몸의 주인은 나일까?

| 목적에 의해 디자인된 몸, 과연 최적화된 상태일까?

살아 있는 몸, 변화하는 몸

사람은 보통 1분에 12번, 한 시간에 720번, 하루에 1만 7280번가량 호흡하지만 이를 크게 의식하지 않고 살아간다. 100미터 달리기를 할 때나 가쁜 숨을 느끼는 정도이다. 그나마 미세 먼지나 전염성 호흡기 질병 때문에 마스크를 쓰면서 숨쉬기가 불편해지자 사람들은 호흡을 조금씩 의식하게 되었다.

호흡은 기본적으로 기도와 허파, 호흡근, 흉곽과 같은 호흡 기관을 통해 외부에서 산소를 받아들이고, 이산화탄소를 배출하는 과정이다. 우리 몸은 스스로 에너지를 만들 수 없으므로 음식과 같은 외부 에너지원에 의존한다. 음식을 먹고 얻은 영양소를 분해해 이를 에너지원으로 만드는 과정에는 호흡을 통해 공급받는 산소가 필요하다. 즉, 우리가 외부에서 에너지원을 얻으려면 호흡이 매우 중요하다는 말이다.

호흡이 몸에 대한 관심을 다시 불러일으켰듯, 몸의 존재 의미를 찾는 방법은 여러 가지이다. 그 가운데 생물학적으로 몸이 어떻게 존재하는지를 살펴보는 것은 살아 있는 나의 존재를 증명하는 하나의 방법일 것이다.

몸의 생물학적 특성은 다양한 자극에 대한 반응으로 규정할 수 있다. 몸은 탄생에서 죽음에 이르기까지 주위 환경과 반응하고 소통하는 과정을 거친다. 몸이 가지고 있지 않은 결핍에 대한 자극은 외부로부터의 공급을 갈망하는 원인이 된다. 몸에 대한 자극과 반응의 연결 형태는 신체가 변화하면서 달라진다.

이 장에서는 외부 자극에 반응하고, 스스로 변화하고, 성장하고, 환경에 적응하는 몸의 생물학적인 특징들을 살펴본다. 우리 몸에 대한 생물학적 이해는 청소년 시기에 몸의 변화를 올바른 방향으로 이끄는 원동력이 될 것이다.

몸이 주는 가짜 신호와 진짜 신호

많은 학생이 밤을 새면서 공부한다. 집중할 수 있는 시간보다 더 오래 공부하다 보면 몸도 마음도 지치기 마련이다. 이에 대한 보상으로 청소년들은 음식을 필요 이상으로 먹는 자유를 얻는다. 인간의 몸은 보이는 음식을 일단 체내에 저장하도록 진화했다. 지금 청소년들이 누리는 음식 섭취의 자유는 몸이 지향하는 체중계 바늘에 탄력을 더할 뿐이다.

먹고 싶은 걸까, 배가 고픈 걸까

우리 사회는 청소년들의 식탐에 관대하다. 문제는 이러한 사회적인 방관과 학업 스트레스가 단순히 먹을 것을 좋아하거나 배가 고파서 음식을 먹는 것이 아닌, 심리적인 허기를 유발한다는 점이다. 청소년의 심리적 허기는 보상과 불안, 관심, 관계의 문제 등으로 생긴다. 친구 관계에 문제가 있고 자존감이 낮은 학생에게는 적절한 관심과 보호가 필요하다. 그런데 이것이 충족되지 못하면 가장 손쉽게 자신을 괴롭혀 잠깐이나마 심리적인 위안을 얻기도 한다.

일부 청소년에게서는 지속적으로 쌓여 있는 화가 먹을 것에 집착하는 거

짓 식욕으로 나타나기도 한다. 과하게 먹는 행위가 정서적으로 혼란한 상황을 벗어나기 위한 도피처가 되는 것이다. 최근 유행하는 유튜브나 TV에 등장하는 먹방, 맛집 소개 등도 청소년의 폭식을 부추기고 있다.

인간의 뇌는 몸에 음식이 들어간 뒤 15분 정도가 지나야 배가 부르다는 신호를 인지한다. 음식을 천천히 먹는 것이 몸에 필요한 적당량을 판별하는 데 도움이 된다는 말이다. 친구나 가족과 일상의 대화를 나누면서 음식을 천천히 먹으면, 포만감도 느끼고 이에 반응할 여유도 생긴다.

체형과 미를 동일시하는 사회

야식과 과식을 예찬하는 대중 매체는 역설적으로 마른 체형에 찬사를 보내고, 뚱뚱한 체형에 부정적인 이미지를 씌워 청소년들이 다이어트를 하도록 부추긴다. 체중이 많이 나가 몸무게를 줄여야 한다면 당연히 다이어트가 도움이 되겠지만, 문제는 정상 체중이거나 저체중인 학생들마저 지나친

왜 배에서 꼬르륵 소리가 날까?

　우리 몸은 맛있는 음식을 상상하거나 실제로 보거나 냄새를 맡으면 조건 반사처럼 위가 마음대로 움직인다. 후각과 시각으로 자극을 받은 뇌가 위에 운동하라는 명령을 내리는 것이다. 위나 장은 속에 음식물이 있으면 영양분의 흡수와 찌꺼기의 배출을 위해 연동 운동을 하고 소화를 한다. 하지만 위가 비어 있으면 위 속에 쌓여 있던 가스만 지나가게 돼 꼬르륵 소리가 난다. 이것은 자연스러운 현상이며, 위와 장 시스템이 건강하다는 것을 의미한다. 이럴 때 소리를 줄여 보려 몸을 웅크리면 오히려 장내 가스가 다른 곳으로 이동하면서 더 큰 소리가 날 수도 있다. 다만 꼬르륵하는 소리가 너무 크게 울리고 오랫동안 지속된다면 몸에 다른 이상은 없는지 살펴봐야 한다.

체중 감량을 시도한다는 사실이다. 영양소 섭취가 부족하면 빈혈을 비롯해 몸에 이상 반응이 나타나고, 심하면 우울증이나 대인 기피 현상도 생겨 학교생활에 어려움을 겪을 수 있다.

　우리 몸에 필요한 에너지의 수요와 공급은 말초 조직과 뇌 사이의 신호 교환을 통해 조절된다. 하지만 지속적인 스트레스와 사회의 왜곡된 메시지, 미성숙한 자아 개념 등으로 식욕 조절 호르몬이 불균형해지면 심리적 허기나 거식증 같은 섭식 장애를 가져온다.

　청소년기에 몸 에너지의 균형을 잡으려면, 체형과 미를 동일시하는 사회적 편견에서 벗어나야 한다. 무엇보다 내 몸에 대한 자존감을 갖자. 내 몸을 바라보는 가치관이 변해야만 친구와의 관계도 좋아지고, 몸에 필요한 에너지 상태를 민감하게 반영하는 '진짜 식욕'을 찾을 수 있다.

피로는 몸이 쉴 때를 알리는 신호

심리적 허기가 몸의 가짜 신호라면, 피로는 몸이 보내는 진짜 신호이다. 피로는 다양한 원인으로 신체나 정신이 지친 상태를 말하는데, 대체로 충분한 영양 섭취와 수면 등의 휴식으로 회복된다. 피로를 느낀다는 것은 우리 몸이 쉴 때라고 알려 주는 신호이다.

스트레스가 쌓여 짜증이 많이 나거나 흥분하거나 환경이 급격하게 바뀌면, 몸은 피곤한데도 잠이 오지 않을 때가 있다. 몸이 제대로 회복되지 못하는 상태인 것이다. 이럴 때 적절한 조치를 취하지 않으면 잠을 자도 피로가 풀리지 않는 만성 피로의 악순환이 시작되거나 질환이 생길 수 있다. 1964년 랜디 가드너는 11일 동안 잠을 자지 않아 기네스북에 올랐다. 하지만 그는 실험 도중 정신 분열, 환각 증상, 피해망상에 시달렸으며 일시적으로 운동 기능이 상실되기도 했다.

인간의 몸은 정해진 시간에 자고, 축적된 피로에 충실히 반응하도록 설계되어 있다. 몸에 피로가 쌓여 체력이 떨어지면 휴식 시간을 늘려야 한다. 충분하게 쉬었는데도 수업 시간에 졸고 있다면, 자신의 '쉬도록 디자인된 몸'에 좀 더 관심을 가지고 살펴봐야 한다.

/ 이야기해 보기 /

나의 몸이 지금 나에게 어떤 이야기를 하고 있는지, 왜 그렇게 생각하는지 친구들과 이야기 나눠 보자(예를 들면, 피곤함, 배고픔, 졸림, 각성, 아픔 등).

오늘의 나는 어제의 내가 아니다

우리 몸은 태어난 직후부터 매일 다른 하루를 살아 왔다. 처음에는 먹고 자는 것만 하다가 두어 달이 지나서 겨우 목을 가눈다. 몸을 뒤집는 첫 자발적인 행위를 한 뒤로는 신체에서 머리가 차지하는 비율이 서서히 줄어들면서 눈에 띄게 자라기 시작한다. 그 이후 우리 몸은 신체 균형이 잡혀 가고 일상적인 신체 활동이 가능해지며 기본적인 생활 방식을 습득한다.

당황하지 마

대략 12~18세에는 매우 독특한 발달 과정을 거친다. 생물학적으로는 특정 성 호르몬이 분비되면서 성에 따른 특징들이 뚜렷하게 겉으로 드러나며, 심리적으로는 보호자로부터 독립을 원하고 이를 준비한다. 또한 급격한 호르몬 분비와 신체 변화로 정서적인 혼란과 갈등을 겪기도 한다. 그 뒤로 몸은 사회 속에서 다양한 경험을 하며 성숙을 거듭한다. 이 시기를 지나면 몸의 성장은 거의 끝났다고 봐도 무방하다.

청소년기는 몸과 마음이 빠르게 변하며, 특히 몸의 모든 부분이 자란다. 하루가 다르게 달라지는 모습에 청소년들은 당황하기도 한다. 호기심 어린

눈으로 친구들과 자신의 몸을 비교하면서 관찰하기도 하고, 몸의 변화가 제대로 이루어지는지 점검하기도 한다. 이 시기에 가장 독특한 점은 이성 친구에게 호기심이 아주 많이 생긴다는 것이다.

몸은 아무 잘못이 없다

몸에 대한 성 정체성은 유전적인 요인뿐 아니라 사회적인 기대에 따라 영향을 받는다. 우리가 자주 쓰는 '여성스럽다'란 말은 여성의 섬세하고 감성적인 부분을 미화하고 있지만, 실제는 사회적·문화적인 강요가 담겨 있다. 성에 대한 인식이 많이 바뀌었지만, 사회 곳곳에서는 여전히 여성을 성적인 대상으로 바라보며 노골적으로 상품화, 상업화한다. 남성들에게는 '남자답다'는 말을 더 많이 쓰는데, 이것 역시 남자들만의 어떤 성질이나 특성을 사회적으로 규정하고 있음을 보여 준다.

남성과 여성은 분명히 다른 특성을 가졌지만, 이것이 단순한 호기심과 욕구 충족, 차별의 이유가 되지 않는다. 무엇보다 성에 따른 특성을 존중해야

한다. 남성이든 여성이든 몸에는 아무 잘못이 없다. 그러니 몸의 변화에 부끄러워하거나 당황해하지 않아도 된다.

쉼 없이 분열하고 성장하는 내 안의 몸

우리 몸이 변화하는 것처럼 몸을 구성하는 세포들도 죽고, 분열하여 새로 생기며 끊임없이 변한다. 세포의 회전율은 성장 호르몬이 급격히 분출되는 청소년기에 가장 활발하다. 이 시기에 몸은 지속적으로 빠르게 분열하고 성장하는 것에 집중한다. 그러다 보면 스스로 피로하여 마치 춘곤증에 걸린 사람처럼 자연스럽게 책상 위에 엎드려 눈을 감는다. 청소년기의 몸은 잠을 자고 움직이지 않을 때에도 성장한다. 몸의 성장에 필요한 성장 호르몬은 잠든 뒤 얼마 지나지 않아 급격하게 분비되며, 정서와 사고에 영향을 미치는 여러 기억들도 잠을 자는 동안 재구성된다.

청소년기에는 골격계의 길이나 부피와 같은 생물학적인 성장과 함께 인지 능력이 발달하고 정서적으로도 성숙해진다. 몸은 수업 시간, 탐구 활동, 예술 활동, 보충 수업, 자율 학습 등을 통해 논리적으로 사고하는 지적 능력을 키운다. 이를 바탕으로 친구, 교사와 소통하며 인격을 형성하고 사회성을 기른다.

몸은 인류의 생존 지도

성인의 몸은 노화 과정을 거치며 세포의 재생 능력과 면역력이 떨어져 결국 죽음에 이른다. 노화는 몸의 입장에서는 소멸의 과정이지만, 인류의 발전에는 도움이 될 수도 있다. 매서운 추위와 같은 변화하는 환경에 적응하

며 진화하는 것은 인류가 멸종하지 않고 살아남기 위해 선택하는 중요한 일이다. 생의 마감이 있어야 후대에 몸의 개량이 이루어지는 것이다.

내 몸의 성장과 변화에 관심을 갖고 이해하자. 지금의 몸은 긴 시간 동안 조상들이 겪은 수많은 환경 변화에서 얻은 생존 지도를 담고 있다. 달라진 환경에 적응하지 못하면 신체는 이상 신호를 보낸다. 일시적으로 몸의 균형이 무너질 수도 있겠지만, 너무 두려워하지 않아도 된다. 주어진 하루하루를 충실하게 보낼 때 우리는 성장과 변화의 과정에서 얻는 열매들을 맛볼 것이다.

/ 이야기해 보기 /

작년 이맘때의 나와 지금의 나는 어떤 점들이 달라졌을까? 달라진 부분들에 대해 친구들과 이야기해 보고, 공통적인 부분을 찾아보자.

공생하는 몸

거리에 늘어난 편의점 수만큼 청소년들의 가공 음식, 패스트푸드 섭취량이 증가하고 있다. 편의점에 전시되어 있는 음식들은 대개 열량이 높지만 양이 적어 포만감이 낮다. 이로 인해 섭취량 조절이 어려워지고 섭취 칼로리는 높아지는 악순환이 시작된다. 식습관은 단지 어떤 영양소가 내 몸을 구성하는 것 이상의 의미를 가진다. 음식은 우리와 공생하며 몸의 다양한 부분에 중요한 역할을 하는 장내 미생물군과 소통하는 매개체가 된다.

미생물은 몸을 구성하는 또 하나의 생명

눈으로 볼 수 없는 작은 생물들을 미생물이라 한다. 우리 몸속에는 세포 수보다 많은 미생물이 있다. 다행히 이 생명체는 대체로 우리 몸에 해를 끼치지 않고 오히려 도움을 준다. 미생물들은 대부분 장이나 신장, 허파, 입, 피부에 서식한다. 이 중 장내 미생물들은 장내 소화 효소로 분해되지 않은 성분들을 발효시켜 영양소와 에너

지의 공급을 돕고, 대사 물질을 생성해 다른 기관과 끊임없이 신호를 주고

받는다.

미생물은 지구 어디에나 있으며, 특히 몸에 살고 있는 미생물은 그 지역

과 문화를 반영한다. 오랜 시간에 걸친 식습관으로 최적화된 체내 미생물

은 한때 편리와 위생이란 이름 아래 짓밟히기도 했다. 물론 흑사병이나 콜

/ 더 알아보기 /

내 몸에 사는 세입자

린 마굴리스는 1967년에 진핵세포 안의 세포 소기관으로 분류되는 미토

콘드리아와 엽록체의 기원을 설명한 '세포 내 공생' 이론을 주장했다. 서로

다른 성질을 가진 원핵생물(핵막이 없는 세포)들이 환경의 변화에 따라 적응

과 생존을 위해 공존을 선택해 진핵(핵막이 있으며 다른 원핵생물과 공생하는)

생물로 진화했다는 가설이다. 보통 원핵생물들이 다른 원핵생물을 먹었지

만 소화되지 않은 상태로 공생하면서, 그들의 대사 활동에 함께 참여하게

된 것이라 보고 있다.

미토콘드리아와 엽록체는 다른 세포 소기관과 다르게 이중막 구조이고,

내막에 원핵생물의 효소가 존재하며, 원핵생물과 비슷한 방식으로 분열한

다. 또한 미토콘드리아와 엽록체는 진핵세포의 핵에는 존재하지 않는 자신

만의 DNA를 가지는데, 이러한 사실이 세포 내 공생 이론을 뒷받침한다.

이 이론은 발표 당시 여러 학술지로부터 거절당했지만, 최근에는 생물 교

과서에 소개되고 있다.

레라, 탄저병과 같은 전염병으로 인류를 괴롭힌 적도 있다. 그러나 최근에 몸속 미생물들은 각종 난치병과 불치병의 치료제로 연구되는 등 미래 자원으로 새롭게 조명되고 있다.

건강한 공생 관계를 위하여

몸의 음과 뜻은 '모으다'의 명사형 '모음'에서 유래한다. 내 몸은 아버지의 정자와 어머니의 난자의 신비한 만남에서 시작되었으며, 탯줄을 통해 그리고 지금의 몸에 이르기까지 끊임없이 음식들을 모으(섭취하)면서 성장했다. 그 모음의 과정에서 장 속에 생물 집단이 들어왔고, 그것들은 우리 몸과 공생하며 상호 작용을 하고 있다. 모음의 과정에서 문제가 생기면 장내 미생물들은 숙주의 식습관을 조절하도록 몸에 선별적 압력을 가한다. 몸과 미생물이 서로 원하는 것이 맞지 않으면 몸에 고장이 생긴다.

우리 몸은 미생물과 적절한 균형을 이룰 때 건강해진다. 청소년들이 쉴 새 없이 반복되는 학업에 많이 지쳐 있겠지만, 아무리 많이 배워도 몸에 대한 바른 이해와 건강을 위한 실천이 없다면 밑 빠진 독에 물 붓기나 다름없다. 특히 균형 잡힌 식단과 규칙적인 식사 패턴은 몸과 장내 세균이 서로 이롭게 조화를 이루도록 도와줄 것이다. 우리 몸은 좋은 것보다 익숙한 것을 선호한다. 그래서 습관이 중요하다.

/ 이야기해 보기 /

생명체가 공생하듯 사람도 사회를 이루어 공생한다. 나는 다른 사람들에게 어떤 도움을 주고 있는지, 남들은 나에게 어떤 도움을 주는지 친구들과 이야기해 보자.

적응한다는 것

청소년기의 몸은 성장하고 있지만, 형태의 큰 부분은 태어날 때 결정된다. 성장이란 신체의 크기가 변하며, 신체를 이용한 동작의 기술이 다양해지고 세련돼 가는 과정이다. 예를 들어, 사람은 대개 손가락 다섯 개와 두 팔과 두 다리를 가지고 태어나며, 이 조건을 받아들인 학습을 통해 다양한 동작을 정밀하게 하게 되는 것이다.

손가락은 왜 다섯 개일까

그렇다면 왜 사람의 손가락은 다섯 개일까? 자동차 공장에 있는 로봇의 손가락(집게)은 두 개나 세 개이다. 즉, 두 개나 세 개의 손가락으로도 다양한 동작을 한다는 말이다. 예를 들어, 물건을 집어서 옮기기, 물컵에 물을 따르고 마시기, 연필을 잡고 글씨 쓰기 등 두세 손가락으로 할 수 있는 동작은 무수히 많다. 그렇다면 다섯이라는 숫자는 최적화된 손가락 개수가 아닐까? 이 질문에 명확한 답을 내리기는 어렵다. 하지만 손가락이 세 개나 두 개일 때 느낄 불편함을 생각해 보면 '다섯 개'가 가지는 의미를 이해하는 데 조금 도움이 될 것이다.

우리는 손으로 무수히 많은 동작을 하고, 새
로운 형태의 도구를 사용하기 위해 새로운
동작을 익히고 배우기도 한다. 컴퓨터
자판을 칠 때는 새끼손가락이, 스마트
폰으로 메시지를 보낼 때는 엄지가 기
능적으로 중요하다. 더욱이 다섯 손가
락을 사용해 동작을 하는 것이 더 적은 수
의 손가락을 사용할 때보다 더욱 정밀하다는
연구 결과도 있다.

다른 몸을 이해하는 가장 큰 가치는 다양성

많은 과학자는 우리 몸의 각 부분이 기능적인 이유가 있다고 말한다. 사람
은 자신의 몸 형태에 최적화된 동작을 취한다. 게다가 성장과 훈련으로 기능
을 끌어올릴 수도 있다. 우리의 중추 신경계는 이러한 신체의 변화에 적극 반
응해 새로운 명령 체계를 만드는 능력이 있다.

이런 과정은 신체의 부정적인 변화에도 적용된다. 예를 들어, 발목에 가벼
운 통증이 있을 때 걸음걸이는 어떻게 바뀔까? 아마 아픈 부위를 덜 쓰고 걸
으며, 회복되면서 원래 걸음걸이로 돌아올 것이다. 이러한 변화가 우리 몸의 상
태를 고려한 가장 알맞은 움직임이기 때문이다. 불의의 사고로 신체 일부가 변
형되거나 절단되는 심각한 상황이라도 우리는 바뀐 신체 형태에 맞춰 최적화
된 움직임을 찾을 것이다. 또 의족이나 의수와 같은 보조 도구를 써서 부상 이
전의 움직임 형태를 재현하려는 노력도 함께할 것이다.

우리 몸의 구조와 기능, 변화를 이해하는 가장 큰 가치는 '다양성'이다. 내 몸의 구조와 기능이 다른 이들과 다르다는 이유로 우쭐대거나 좌절하지 말자. 우리 모두의 몸 구조는 조금씩 다르며, 각자 그 구조에 맞는 움직임을 만들어 낸다. 이러한 구조와 기능, 움직임은 개인의 노력에 따라 변화할 수 있다. 설혹 부정적인 변화라 할지라도 우리는 그 움직임을 '다양성'의 가치로 이해해야 한다.

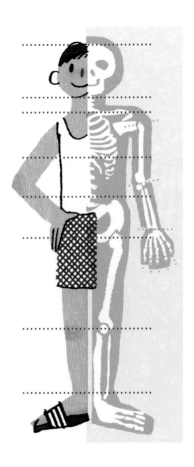

| 이야기해 보기 |

몸에서 없어져도 되는 부분에 대해 생각해 보고, 왜 그렇게 생각하는지 친구들과 이야기해 보자.

① 나의 평균 필요량(EAR)과 권장 섭취량(RDA)을 알아보고, 건강한 식습관을 갖기 위한 방법을 찾아보자.

1) 나의 하루 에너지 섭취량을 환산해 보자.

- 예 칼로리 카운터(FatSecret), 칼로리 섭취 계산기(TDEE) 등

2) 내가 섭취하는 에너지 총량은 권장 섭취량에 비해 어떤지 적고, 건강한 식습관을 위해 어떤 것을 늘리거나 줄여야 할지 적어 보자.

구분	12~14세		15~18세	
에너지 (kcal)	남자	여자	남자	여자
	2,400	2,000	2,700	2,000

- 나의 하루 에너지 섭취량은 (   )kcal이며, 내 나이의 권장 섭취량보다 (적다/많다).

② 호흡은 우리 몸을 유지하는 데 매우 중요한 역할을 하지만 우리는 평소에 신경을 쓰지 않고 살고 있다. 잠시 시간을 갖고 내 호흡에 관심을 기울여 보자.

1) 하루에 몇 번이나 호흡하고 있는지 빈도를 확인해 보자. 1분 동안의 호흡수를 측정해서 하루의 호흡수를 계산해 보자.

계산 방법 : 1분에 12번, 1시간에 720번(12×60), 하루에 1만 7280번(24×720)

- 1분 :   번   • 1시간 :   번   • 하루 :   번

2) 현재 내 몸 상태는 어떠한가? 그리고 내 기분은 어떠한가? 만약 나의 몸 상태가 마음에 들지 않다면, 1분 동안의 호흡수를 8~10회가 되도록 줄여 보고 일주일 동안 생활해 보자. 그리고 나의 몸 상태와 기분에 대해 느낀 그대로 적어 보자.

	현재	일주일 후
호흡수		
몸 상태		
기분		

③ 나의 몸에서 단점이라고 생각하는 부분을 찾아보고, 단점을 보완하는 방법에 대해 생각해 보자.

단점이라고 생각했던 부분	보완하는 방법
예 손이 작다.	예 부드러운 인상을 줄 수 있으며, 세밀한 일을 잘 해낼 수 있다.
예 산만하다.	예 호기심이 많고 도전 정신이 강하다.

살아 있는 몸 만들기

❶ 숨 쉬는 것과 같은 몸의 신호에 집중하고
   내 몸의 민감도를 높여 보자.

❷ 내 몸에 필요한 에너지가 어느 정도인지
   정확히 알고 적절히 섭취하자.

❸ 공생하는 생명체들을 인정하고,
   몸에 해로운 행동을 하지 않기.

❹ 몸의 불완전함을 알고 적절한 휴식,
   에너지 보충, 운동으로 보완하자.

03

운동하는 몸

/ 조금도 움직이지 않고 몇 분 동안 견딜 수 있을까?

/ 스포츠를 통해 얻을 수 있는 가치는 무엇일까?

/ 건강한 몸의 조건은 무엇일까?

몸은 움직임을 원한다

인간의 몸은 움직임을 본질로 한다. 움직이지 않는 몸은 존재하지 않는다. 의자에 앉고 밥을 먹고 버스를 타기 위해 우리는 움직인다. 체내의 세포도 움직인다. 인간은 이런 생존을 위한 기초적인 움직임 말고도 놀이와 기분 전환 혹은 건강을 위해 자발적으로 움직이기도 한다. 이런 자발적인 움직임을 운동이라 부를 수 있다.

사람은 공부와 노동만으로 살아갈 수 없는 까닭에 휴식의 비어 있는 시간이 필요하다. 놀이와 게임은 그 시간을 채우는 문화 행위인데, 스포츠는 그중 가장 복잡한 구조를 가진 놀이의 형태이다. 스포츠는 움직이고자 하는 본능을 일정한 규칙으로 통제한 것이다. 스포츠에 참여하는 사람들은 스포츠를 통해 많은 것을 배운다. 자신에게 부족한 기술을 연마하고, 고통

을 참아 내는 인내를 배우며, 새로운 기술과 기록에 도전해 신체적인 탁월성뿐 아니라 정신적인 덕목을 익힌다.

그래서 스포츠는 자신이 건강하게 살아 있음을 느끼고 자신의 몸을 돌보는 능력인 몸 감수성과 밀접하게 연관되어 있다. 몸 감수성은 삶을 감각적으로 풍요롭게 느끼고 즐기는 태도이다. 이런 감각이 발달한 사람은 타인을 배려하는 능력도 뛰어나다.

인간이 살아가는 이유가 행복에 있다면 몸을 움직이는 이유도 행복해지기 위해서이다. 행복은 흔히 정신적인 만족으로 생각하기 쉬우나 몸이 건강할 때 행복감은 더 커진다. 건강한 몸을 위해 우리가 할 수 있는 최선의 행위는 운동이다. 운동은 몸에 대한 배려이며, 건강의 실천이면서 행복이라는 삶의 가치를 살찌운다.

이 장에서는 인간의 몸과 운동이 얼마나 서로를 원하는지를 살펴볼 것이다. 그리하여 당장 행복해지고 싶다면 운동을 해야 한다는 사실을 알게 될 것이다.

운동하는 인간, 호모 스포티푸스

"게임할 시간에 수학 문제를 풀었다면 전교 1등도 했겠다." 이런 부모의 잔소리를 들어 보지 않은 청소년이 있을까? 게임은 재미를 추구하는 인간의 원초적 욕구 가운데 하나이다. 그래서 게임에 몰입해 밥때를 놓치는 일은 놀이의 가치를 알아 가는 자연스러운 과정이다.

호모 루덴스, 인간은 규칙을 만들어서 논다

놀이는 언뜻 게으르고 비생산적인 행위처럼 보이지만 일과 삶의 질을 끌어올리는 촉매가 되기도 한다. 사람은 공부와 노동만으로 살아갈 수 없는 까닭에 휴식의 시간이 필요한데, 놀이는 그 여백을 채우는 문화 행위이다. 스마트폰과 PC방은 가장 손쉽게 즐기는 놀이의 도구와 장소일 것이다. 인간은 잠시도 놀이 없는 심심함을 견디지 못한다.

인간은 놀이 없이 살 수 없으며 심지어 놀이를 존재의 본질로 품고 있다. 이를 요한 하위징아는 '호모 루덴스homo ludens'로 표현했다. 호모 루덴스는 놀이를 인간의 본원적 속성으로 규정한 말이다. 물론 인간만이 아니라 강아지와 원숭이도 놀이를 좋아한다. 하지만 인간의 놀이는 규칙이 있다는 점

에서 동물의 놀이와 다르다.

인간은 그냥 놀지 않고 규칙을 만들어서 논다. 게임은 규칙화된 놀이를 말한다. 게임은 모든 참여자에게 동일한 규칙이 적용되는 순간 이루어진다. 규칙의 지배를 받는 인간의 게임 가운데 스포츠는 가장 복잡한 구조를 가진 놀이이다. 인간은 막대기로 돌멩이를 쳐서 멀리 날려 보내는 게임에 만족하지 않고, 클럽(채)을 만들어 공을 쳐서 홀컵 안에 넣는 골프라는 스포츠를 고안해 내었다.

움직이고 싶은 본능을 세련되게 구현한 스포츠

인간만이 갖는 놀이의 창조성은 스포츠 종목만큼 다양하다. 그래서 스포츠는 인간의 놀이적 본성을 운동으로 구현한 지극히 인간다운 행위이다. 이 인간다운 행위를 우리는 '호모 스포티푸스homo sportivus'라 부를 수 있을 것이다. 호모 스포티푸스는 움직임을 인간의 본원적 속성으로 규정하고자 만들어진 신조어이다. 호모 스포티푸스는 움직임의 욕구를 강조한 보다 세련된 인간에 대한 규정이라 할 수 있다.

인간에게는 움직이고자 하는 본능이 있다. 스포츠는 이 본능을 합리적으

/ 더 알아보기 /

진화와 운동

아주 먼 옛날 인류는 건강을 위해 운동하지는 않았다. 먹을 것도 부족한데 운동으로 에너지를 소모하는 일은 바보 같은 짓이었을 것이다. 대신 식량을 찾아 많이 걸어야 했다. 호모 에렉투스는 장거리 이동에 적합한 인류의 출현을 말한다. 걷기 시작하면서 인류는 두뇌의 활동과 용량이 몰라보게 발달했다. 큰 뇌를 지탱하기 위해서는 많은 에너지가 필요했다. 그래서 호모 에렉투스 이후 인류는 움직이지 않는 동안 남은 에너지를 지방으로 축적하도록 진화했다. 침팬지의 체지방이 3~10퍼센트에 불과한 데 비해 인간의 체지방이 14~26퍼센트에 달하는 이유도 두뇌 활동을 위해서이다. 이렇게 하여 인간은 근육으로 갈 에너지를 지방에 양보하는 몸을 가지게 되었다. 헬스클럽에서 아무리 멋진 근육을 만들어 놓아도 움직이지 않으면 근육은 금방 사라져 버린다. 모두 진화의 산물이다. 그래서 인류는 진화론적으로 움직이게 만들어진 존재인지 모른다. 걷기는 진화의 시작을 알린 인류 최초의 운동이었다. 걷기 시작하면서 인류가 똑똑해졌듯 매일 규칙적으로 걸으면 두뇌 활동에 도움을 준다.

로 해소하도록 돕는 장치이다. 스포츠는 달리고, 뛰어오르고, 차고, 던지고, 뻗고, 휘두르고, 심지어 때리고 싶은 욕구를 일정한 규칙으로 통제하여 그러한 행위가 야만스럽지 않고 문화적이며 세련되고 교양 있도록 만든다. 이런 까닭에 스포츠는 올림픽에서 행해지는 종목에 한정되지 않고 움직임의 욕구를 충족시키는 모든 신체 운동을 포괄한다.

경쟁은 더 탁월한 몸을 드러내고 싶은 욕구

축구나 야구, 펜싱, 수영, 태권도, 체조 등 스포츠 종목은 인간의 움직임이 얼마나 다양한지를 보여 준다. 인간은 같은 움직임을 맹목적으로 따라 하거나 반복하지 않는다. 탁구와 테니스는 네트를 사이에 두고 라켓으로 공을 넘기는 단순한 반복 행위에서 그치지 않고 상대가 되받아칠 수 없는 곳으로 공을 보낼 때 더욱 재미있어진다. 이렇게 상대의 공격을 차단하고 되받아치는 일련의 기술이 축적되면 경쟁이 시작된다.

대체로 경쟁을 스포츠의 본질적인 속성으로 생각하지만, 스포츠의 경쟁은 신체의 탁월성을 드러낼 때 비로소 아름다워진다. 남보다 더 빠르고 강하고 유연한 몸을 드러내고 싶은 욕구가 경쟁을 만드는 것이다. 경쟁 자체가 목적이라면 사람들은 스포츠를 통해 스스로 성장하고 고양되는 계기를 만들지 못한다.

호모 스포티푸스는 몸의 희열을 안다

스포츠는 때로 패배를 통해 더 많은 것을 배우게 한다. 자신에게 부족한 기술을 연습하거나 고통을 참아 내며, 새로운 기술과 기록에 도전함으로써 신체적 탁월성뿐 아니라 정신적 덕목을 익히게 한다. 스포츠는 승리에 우쭐대지 않고 패자를 무시하지 않으며 상대를 존경하는 매너를 갖도록 해 품위 있는 인간의 품격을 보여 준다.

　물론 적당한 반칙과 속임수로 승리에만 집착하는 호모 스포티푸스도 있다. 그런 사람에게조차 운동으로 흘리는 땀의 쾌감은 있다. 스포츠에는 존재의 고양감과 몸의 희열이 있다. 호모 스포티푸스는 그 몸의 희열을 아는 존재이다.

| 이야기해 보기 |

스포츠는 인간의 움직이고 싶은 본능을 해소하기 위해 고안된 문화 장치이다. 만일 스포츠가 없으면 어떤 일이 일어날지 친구들과 이야기해 보자.

몸 감수성과 아름답게 살기

아플 때 건강을 깨닫는 것처럼 우리는 특별한 순간에 비로소 살아 있음을 돌이켜 본다. 이런 순간을 '실존적 자각'이라고 한다. 실존적 자각은 스스로 살아 있음을 통렬히 느끼는 순간을 말한다. 이때 살아 있음의 특별한 계기가 되는 것이 몸이다. 인간은 몸을 통해 자신이 살아 있음을 뼈저리게 느낀다.

몸이 살아 있음을 느끼는 능력, 몸 감수성

몸은 삶을 살아가는 주체이다. 이 말은 느끼고 음미하고 표현하는 모든 삶의 내용이 몸을 통해 이루어진다는 뜻이다. 그러나 우리는 이 몸의 존재를 잊거나 때때로 함부로 다룬다. 몸에 대한 무자각은 특히 청소년기에 자주 나타난다. 하루 열 시간 이상의 온라인 게임과 늦은 밤의 거침없는 폭식, 매일 들이켜는 1리터의 콜라, 스마트폰에 빠져 있는 거북목의 자세 등은 몸을 함부로 다루는 일종의 학대이다. 이런 사람들은 몸 감수성이 풍부하지 못한 부류에 속한다. 몸 감수성이란 자신의 몸을 자각하고 배려하는 능력을 말한다.

몸 감수성은 내 몸이 살아 있음을 스스로 발견하고 감각하는 세련된 능

력으로, 몸으로 느끼는 짧은 순간의 행복을 자신의 것으로 만드는 기술을
의미한다. 초여름 낮 베란다 창문을 열었을 때 온몸으로 느끼는 산들바람
의 상쾌함, 한여름 지나가는 소나기의 냄새와 손바닥에 떨어지는 빗방울의
무게, 오래 걷거나 뛴 다음 날 다리의 근육이 아릿하게 전해 주는 쾌감, 이
런 살아 있는 감각을 자주 그리고 많이 자신의 것으로 만드는 것이 몸 감수
성이다. 수척해진 친구의 건강에 대한 진심 어린 걱정처럼, 몸 감수성은 자
신의 몸뿐 아니라 타인의 몸에 대해 공감하는 능력까지 포함한다.

몸 감수성은 몸에 대한 관심과 배려

몸 감수성은 삶을 감각적으로 풍요롭게 느끼고 즐기는 태도와 깊은 연관
이 있다. 다만 이를 몸에 대한 집착과 혼동하지 않아야 한다. 몸 감수성은
몸에 대한 맹목적이고 과도한 집착과 거리가 멀다. 오히려 관심과 배려를 가
리킨다. 화장을 통해 자신의 새로운 모습을 발견하는 것은 감수성의 발현이
지만 화장이 자신의 얼굴을 감춰 버리면 집착이 된다. 비디오 게임이 주는
짜릿한 전율은 휴식의 일부이지만, 밤을 새워 게임에 빠져 있다면 집착이라
할 수 있다. 집착이란 주인인 몸이 거꾸로 노예가 되어 버리는 바람직하지
못한 현상이다.

몸에 대한 배려로서의 몸 감수성은 자신의 삶을 아름답게 만들려는 노력
을 말한다. 프랑스의 철학자 미셸 푸코는 이 몸에 대한 배려를 '실존의 미학'
이라고 불렀다. 실존의 미학은 자신의 삶을 마치 하나의 예술 작품처럼 간
주하고 그렇게 만들어 나가는 것을 말한다. 이때 예술 작품이 되는 것이 내
몸과 그 감각이다.

모든 감각이 살아 있을 때 삶은 풍요로워진다

지금 여기를 살아가는 내 몸이 예술 작품이 되기 위해서는 먼저 감각이 살아 있어야 한다. 시각, 청각, 후각, 미각, 촉각 등 모든 감각이 살아 있을 때 삶은 더욱 풍요롭고 아름다워진다. 음식을 먹되 맛을 깊이 느끼며 먹고, 소리를 듣되 몸으로 번지는 그 파장을 듣고, 눈으로 보되 보이는 것의 성질을 어루만지면서 보고, 향기가 없는 것을 맡지 않으며, 사물의 속살이 느껴지도록 깊이 접촉할 때 오감은 살아난다. 이런 오감을 통한 투명한 쾌락은 삶에서 누릴 수 있는 가장 큰 행복이며, 인간만이 가지는 특권이다.

그렇다고 해서 몸 감수성이 곧 건강함을 의미하지는 않는다. 자신의 몸에 대한 배려는 온갖 영양제를 한 움큼 입으로 털어 넣고 몸에 좋은 음식을 탐욕스럽게 찾아다니는 행위와 상관없다. 오히려 상큼한 제철 과일의 향기를 즐기고 음미하며, 운동으로 범벅이 된 몸의 땀과 그 농도를 감각하는 것이 실존의 미학에 더 가깝다. 요컨대 몸을 통해 자신이 살아 있음과 그것이 얼마나 아름다운지를 느끼는 능력이 곧 몸 감수성이다.

자신의 몸을 사랑할 줄 아는 사람은 행복하다. 그래서 맛있는 음식을 먹을 때, 상쾌한 공기를 마실 때, 사랑하는 사람이 포근히 안아 줄 때 저절로 미소 짓게 된다. 행복은 내 몸을 미소 짓게 하는 일이다.

| 이야기해 보기 |

맨발로 걸어 본 적이 있는지 말해 보고, 자연과 몸이 교감하는 순간의 느낌과 감정을 말로 표현해 보자.

운동은 건강과 사귀면서 행복과 썸 탄다

인간은 궁극적으로 행복을 위해 산다. 부자가 되기를 원하는 이유도, 공부를 열심히 하는 이유도, 사랑을 구하는 이유도 모두 행복해지기 위해서이다. 행복을 삶의 최고 가치라고 말하는 까닭도 여기에 있다. 그렇다면 어떻게 해야 행복해질 수 있을까?

몸은 존재의 근거, 건강은 존재의 방법

우리의 삶에는 절대로 대체할 수 없는 것이 있다. 내 몸과 건강, 행복이 그것이다. 내 몸은 삶을 살아가는 물리적 토대이다. 그래서 몸을 '존재의 근거'라고 고쳐 부를 수 있다. 흥미롭게도 몸은 존재의 근거이면서 존재의 목적이기도 하다. 살아가는 일은 몸을 보전하고 유지하는 생명 활동으로 그 활동이 멈추는 순간 죽음을 맞는다. 이런 까닭에 몸을 잘 보살피고 배려하여 더 오래 유지하는 일은 삶의 중요한 의무이다. 그 의무를 우리는 건강이라 부른다. 그래서 건강을 '존재의 방법'이라 고쳐 부를 수 있다.

건강한 몸은 인간이 바라는 삶의 최고 조건이다. 부귀와 명예, 권력 등은 아무리 늘어나도 건강한 몸을 대체하지 못한다. 건강한 몸은 절대적으로 중요한 삶의 조건이지만, 그 자체로는 조금 쓸쓸하다. 가장 건강한 사람이 가장 행복한 사람은 아니기 때문이다. 그렇다면 인간은 무엇을 위해 살아갈까? 이 질문에 대부분의 철학자는 '행복'을 해답으로 제시한다.

실천하지 않으면 행복도 없다

행복이 삶의 궁극적인 목적이지만, 이 사실로부터 실제로 행복을 끄집어내지 못한다. 이론과 현실은 다르다. 그렇다면 어떻게 해야 행복해질 수 있을까? 행복해지기 위해서는 반드시 노력해야 한다. 이를 실천이라고 부른다. 즉, 행복은 실천하지 않으면 도달할 수 없는 가치이다. 책을 읽을 때 행복한 사람은 독서라는 행위를 해야 하고, 게임을 할 때 행복한 사람은 마우

/ 더 알아보기 /

우리나라 청소년의 운동 부족

세계보건기구(WHO)는 2016년 세계 146개국 11~17세 남녀 학생의 신체 활동량 통계를 분석한 결과를 발표했다. 대부분의 나라에서 청소년 5명 중 4명은 신체 활동이 부족한 것으로 드러났다. 그중에서 한국 청소년의 상황이 최악이었다. 운동 부족으로 분류된 학생 비율이 94.2%로, 146개국 중 가장 높았다. 한국 이외에 90% 이상인 나라는 필리핀(93.4%), 캄보디아(91.6%), 수단(90.3%)뿐이다. 우리와 비슷한 경제 수준의 싱가포르는 운동 부족 비율이 69.7%로 한국보다 훨씬 양호하다. 무엇보다 충격적인 것은 한국 여학생의 97.2%가 운동을 전혀 하지 않는 것으로 조사된 점이었다.

스와 키보드를 움직여야 한다. 아무것도 하지 않고 행복을 느끼려는 사람은 아무것도 먹지 않고 배가 부르길 바라는 사람과 같다.

행복을 실천하는 방법 중 가장 손쉽고 경제적이며 확실한 것이 운동이다. 운동이 대단한 이유는 대체 불가능한 삶의 조건인 몸, 건강, 행복에 모두 관여하기 때문이다. 운동은 몸에 대한 배려이며, 건강의 실천이면서, 행복이라는 삶의 궁극적인 가치를 살찌운다. 행복에 도달하는 유일한 방법이

운동이라고 말하면 거짓말이지만 가장 빠른 길 중의 하나라는 점은 아무도 부정하지 못한다.

운동은 자신을 통제하면서 몸을 가꾸는 과정

긍정 심리학자인 소냐 류보머스키는 행복한 사람들의 주요 특징 가운데 하나로 규칙적인 운동 습관을 든다. 그는 꾸준한 운동이 행복의 원인이 되는 이유를 다음 세 가지로 요약한다. 첫째, 자신의 몸과 환경을 스스로 통제한다는 느낌을 준다. 둘째, 스스로 발전하고 성장한다는 긍정적인 느낌과 함께 자존감이 높아진다. 셋째, 목표를 세우고 성취하는 습관을 통해 효능감을 키워 준다.

운동은 자신의 신체를 통제하면서 몸을 가꾸어 가는 과정이다. 이때 몸의 통제는 스스로 자신을 관리한다는 긍정적인 느낌을 강화한다. 운동을 통한 기능의 향상은 스스로 발전하는 모습을 확인하고 이를 통해 존재감을 고양시킨다. 운동을 꾸준히 하면 자연스럽게 운동 목표를 세우게 되고, 이 목표를 달성하면 자신감과 효능감을 일깨우게 되는 것이다.

행복해지고 싶으면 운동하라는 말은 때로 위압적이고 잔소리처럼 들린다. 그렇다고 하더라도 운동은 해야 한다. 왜냐하면 운동을 하면 실제로 행복해지기 때문이다.

| 이야기해 보기 |

나는 건강하다고 생각하는가? 그 이유가 무엇인지 몸을 통해 설명해 보자. 만일 건강하지 못하다면 그 이유도 함께 말해 보자.

① 내가 운동 부족인지 아닌지 체크해 보고, 내 몸에 맞는 운동 계획을 세워 보자.

1) 일상생활에서 내가 느낄 수 있는 현상에 체크해 보자.

현상	해당 여부
계단을 오를 때 습관적으로 손잡이를 잡게 된다.	
조금만 걸어도 피곤하다.	
체중계에 자주 올라서지 않는다.	
종아리가 잘 붓는다.	
늘 소화 불량의 증상을 느낀다.	
잠을 많이 자고 일어나도 피곤하다.	
감기에 걸리면 오래 간다.	
운동할 시간이 나지 않는다.	
휴일이면 종일 집에서 뒹군다.	
초콜릿, 청량음료에 자주 손이 간다.	

2) 1)에서 체크한 항목이 2개 이상이면 운동 부족, 5개 이상이면 심각한 운동 부족이다. 아래 권장 운동량을 바탕으로 2주간의 운동 계획을 세워 보자.

운동 형태	목적	강도/빈도/시간
유산소 운동 예 달리기, 걷기, 수영, 자전거 타기 등	심폐 지구력 향상	- 최대 심박수의 50~70% - 주 3~5회 - 30분~1시간
근력 운동 예 윗몸 일으키기, 팔 굽혀 펴기, 앉았다가 일어서기 등	근력과 근지구력 향상	- 10~15회 반복 - 주 3회 - 2~3세트
유연성 운동 예 스트레칭 등	관절 가동 범위 확보 및 유연성 증가	매일

⋯ 1주 차 운동 계획

	월	화	수	목	금	토	일
활동 내용		예 윗몸 일으키기 20회, 3번					
일과 중 시간		예 저녁 식사 2시간 후					
소요 시간		예 10분					

⋯ 2주 차 운동 계획

	월	화	수	목	금	토	일
활동 내용							
일과 중 시간							
소요 시간							

② 역사상 가장 뛰어난 운동 선수와 인성이 바른 운동 선수는 누구일까?

　1) 역사상 가장 뛰어난 운동 선수 3명을 선정하고, 그 이유를 써 보자.

　　• 예 우사인 볼트: 인간이 얼마나 빨리 달릴 수 있는지를 알 수 있다.

　　•

　　•

　2) 인성이 바를 것 같은 운동 선수 3명을 선정하고, 그 이유를 써 보자.

　　• 예 손흥민: 기분이 나쁠 때에도 늘 웃고 어린이 팬에게 친절하다.

　　•

　　•

움직이는 몸 만들기

❶ 운동은 시간 날 때 하는 것이 아니라 시간을 만들어서 해야 한다.

❷ 최소 주 3회, 30분 이상 유산소 운동을 한다.

❸ 스트레칭은 매일 수시로 실시한다.

04
표현하는 몸

| 거울에 비친 내 몸이 왜 마음에 들지 않을까?

| 우리가 셀피에 집착하는 이유는 무엇일까?

| 어른들의 말처럼 아이돌을 따라 춤을 추는 우리는
생각 없이 사는 것일까?

| 우리의 화장을 반대하는 어른들의 태도는 정당한 것일까?

몸으로 무엇을 드러내고 싶은가

언어가 생겨나기 이전에 몸으로 하는 표현은 단순한 신호의 기능을 했다. 신호는 어떤 의미를 상징적으로 지시하기보다 예상하는 반응을 일으키려는 본능적인 행동이다. 송신자는 충동적으로 신호를 보내고, 수신자는 이것에 반사적으로 반응하기 때문에 신호와 어떤 다른 의미가 결합할 가능성은 적다.

언어의 발달과 함께 몸은 기호의 위상을 부여받았다. 언어가 없었을 때는 지각할 수 없는 어떤 것을 타인에게 이해시키는 일이 불가능했다. 언어가 이 일을 가능하게 해 주었다. 예를 들면, 언어는 용과 같은 상상의 동물을 실제로 존재하는 것처럼 이야기할 수 있게 해 준다. 이것이 가능한 이유는 언어가 다른 어떤 것을 지시할 수 있는 기호이기 때문이다.

언어와 마찬가지로 몸도 기호로 작용한다. 우리는 몸을 통해 우리의 가치, 신념, 개성 등을 표현할 수 있게 되었다.

이 장에서는 몸이 자아 표현을 위한 기호로 활용되는 사례들을 살펴본다. 첫째 글에서는 이상적인 자아상을 표현하기 위해 다이어트나 성형으로 몸을 가꾸는 사람들의 이야기를 다룬다. 둘째 글에서는 자연스럽게 연출된 디지털 사진을 통해 은근하게, 그리고 가끔은 무모하게 자랑을 일삼는 셀피 족의 이야기를 다룬다. 셋째 글에서는 아이돌 음악에 맞춰 춤을 추는 아이들이 열정적 몸짓을 통해 표현하려고 하는 것들에 대해 알아본다. 넷째 글에서는 요즘 성인 여성뿐 아니라 10대 여성 청소년들에게도 너무나 당연시되는 화장이 이들의 삶에 어떤 의미를 갖는지 알아본다.

세상에서 가장 멋진 내 몸

사람들은 대체로 거울에 비친 자기 몸을 못마땅한 시선으로 바라본다. 결점투성이로 보이기 때문이다. 눈이 너무 작거나 코가 너무 낮거나 허벅지가 너무 굵어 보인다. 이런 시선 깊숙한 곳에는 짙은 쌍꺼풀, 오똑한 코, S라인 몸매같이 서구적으로 정형화된 이상적인 몸의 이미지가 숨어 있다. 우리는 그것을 기준 삼아 거울에 비친 몸을 바라보고 평가한다.

그들의 평균은 우리의 평균이 될 수 없다

내 마음속에 자리 잡은 아름다운 몸의 기준은 도대체 어디에서 왔을까? 몸 연구가인 김종갑은 그것이 '우리의 평균'에서 왔다고 말한다. 여기서 눈여겨봐야 할 점은 주체가 내가 아니라 우리라는 사실이다. 전통 사회에서 우리는 함께 살아가면서 자주 보고 만나는 생활공동체 사람들이었다. 우리는 일상생활을 함께해 나가는 가운데 자주 보고 만나면서 서로의 생김새에 익숙해졌고, 우리의 평균적인 외모는 어느새 우리 마음속에 아름다움의 기준으로 자리 잡았다.

도시화된 현대 사회에서 살아가는 우리는 생활공동체 사람들을 자주 만

나지 못한다. 우리가 자주 보고 만나는 사람들은 따로 있다. 우리는 아침에 눈을 떠서 잠들기까지 많은 시간을 TV나 유튜브를 보며 보낸다. 우리가 자주 만나는 사람들은 대부분 연예인이나 인기 유튜버들이다. 우리는 그들을 보면서 그 모습에 익숙해지고, 어느새 그들의 평균을 우리의 평균이라고 생각하게 된다.

그러나 그들은 사진발을 기준으로 특별히 선별된 사람들이다. 영상 기기는 조명에 민감하게 반응하기 때문에, 사진발을 잘 받으려면 이목구비가 뚜렷하고, 피부가 하얗고, 몸에 비해 얼굴이 지나치게 작고, 몸매가 비정상적으로 날씬해야만 한다. 연예인과 인기 유튜버들은 대부분 여기에 최적화된 사람들이다. 따라서 그들의 평균은 우리의 평균이 될 수 없다. 그렇지만 그들의 모습에 익숙해진 우리는 그들의 평균을 우리의 평균이라 생각하고, 그렇게 그들의 외모는 우리 마음속에 미의 기준으로 자리 잡는다.

아름다움의 획일화는 또 다른 폭력

이제 우리는 마음속에 자리 잡은 연예인과 인기 유튜버의 외모를 기준 삼아 자기 몸을 바라본다. 이를 통해 사람들은 자신도 모르는 사이에 신체 변형 장애 증상을 보인다. 신체 변형 장애란 자기 몸을 있는 그대로 경험하지 않고, 가상적인 초과 이미지의 기준에 비춰 경험하는 사람에게 나타나는 심리적 증상이다. 예를 들면, 저체중임에도 자신이 뚱뚱하다고 생각하거나, 눈이 그렇게 작지 않은데 작다고 생각하는 증상이다. 이렇게 우리는 우리 몸을 결점투성이로 보게 된다.

아름다움의 기준은 점점 한 방향으로 수렴되고 있다. 연예인이나 인기 유튜버를 보면 대부분 비슷하게 생겼다. 아름다움이 획일화되는 것이다. 저널리스트 정달식은 '아름다움의 획일화는 폭력의 또 다른 이름'이라고 썼다. 왜 그렇게 썼을까? 그리스 신화 프로크루스테스의 침대 이야기에서 그 이유를 찾을 수 있다. 노상강도 프로크루스테스는 행인을 잡아다가 자기 집에 있는 침대에 맞춰 키가 크면 자르고 키가 작으면 강제로 늘여 죽인다.

획일화된 아름다움은 프로크루스테스의 침대와도 같다. 우리는 이 침대에 맞지 않는 우리 몸의 부분들을 잘라 내거나 늘이기 위해 자발적으로 굶고, 뛰고, 토하고, 털을 뽑고, 수술 메스에 자신을 맡긴다. 만일 누군가를 굶기거나 토하게 만들거나 특별한 질병이 없는데도 수술 메스로 째고 바늘로 깁는다면, 우리는 이것을 폭력이라고 부른다.

/ 이야기해 보기 /

획일화되고 있는 아름다운 외모의 기준이 폭력이 될 수 있는 이유에 관해 이야기를 나눠 보자.

내 몸을 있는 그대로 사랑하자

아름다움은 상대적인 개념이다. 진달래에는 진달래만의 아름다움이 있고, 장미에는 장미만의 아름다움이 있다. 마찬가지로 나에게는 나만의 아름다움이 있고, 너에게는 너만의 아름다움이 있다. 그렇다면 우리는 획일화된 아름다움을 좇기보다 나만의 고유한 아름다움을 찾고 가꿔 나가는 것이 좋지 않을까?

최근 영국과 미국의 시민 사회를 중심으로 '바디 포지티브body positive' 운동이 전개되고 있다. '자기 몸 긍정하기'로 번역할 수 있는 이 운동의 취지는 내 몸을 있는 그대로 사랑하고 가꾸는 것이다. 자신의 몸을 결점투성이로 보면서 열등감을 갖고 살기보다 자신만의 장점에 집중하면서 자신감을 갖고 사는 것이 더 행복한 삶이 아닐까?

외로움의 표현, 셀피

요즘은 해외 여행지나 멋진 자연 풍경으로 둘러싸인 특별한 장소는 물론이고, 집 근처 카페나 거리, 공원같이 일상적인 곳에서도 스마트폰으로 자기 사진을 찍어 SNS에 올리는 사람을 흔히 본다. 이렇게 스스로 촬영한 자기 사진을 셀피라고 부른다. 셀피는 '스스로'를 뜻하는 영어 self에 친근한 어감을 나타내는 접미어 '-ie'가 붙어서 만들어진 단어이다.

인정 욕구와 과시 욕구가 만든 중독

인간은 존재하는 것만으로 만족하지 못하고, 자신의 존재를 과시하고 타인에게 인정받고 싶어 한다. 인터넷이 전 세계로 확산되고 스마트폰 이용자 수가 폭발적으로 증가하면서 우리는 이제 실재 공간보다 가상 공간에서 다른 사람들을 만날 기회가 많아졌고, 이러한 상황에서 셀피는 점점 더 중요한 자기 과시 수단이 되고 있다. 이에 따라 강박적으로 셀피에 집착하는 사람도 많아졌는데, 이들을 일컬어 셀피티스selfitis, 즉 셀피 중독자라고 한다. 셀피 중독은 점점 사회 문제가 되고 있다.

사람들이 과시 수단으로 셀피를 선호하는 이유는 자기 모습을 원하는 대로 수정할 수 있고, 타인의 반응을 직접 확인할 수 있기 때문이다. 우리는 셀피를 통해 비록 이미지일 뿐이지만 자신의 모습을 마음대로 바꾼다. 다이

/ 더 알아보기 /

인정 욕구

독일의 철학자 헤겔은 《정신현상학》에서 동물의 욕구는 대상을 향하지만 인간의 욕구는 욕구 자체를 향한다고 썼다. 그는 이렇게 욕구 자체를 향하는 인간적인 욕구를 '인정 욕구'라고 불렀다. 인간은 인정 욕구를 위해 죽음까지도 불사한다. 사람들이 셀피에 집착하는 이유도 타인으로부터 자신의 존재를 인정받기 위해서일 것이다. 그러나 과도한 인정 욕구는 개인의 삶에 부정적으로 작용할 수 있다. 타인에게 인정받고자 하는 마음이 타인의 기대를 충족시키기 위한 삶을 살게 함으로써 개인적 삶의 만족과 행복을 놓치게 만들 수 있기 때문이다. 이러한 의미에서 자아실현의 욕구가 인정의 욕구보다 상위에 있다고 한 심리학자 에이브러햄 매슬로우의 말에 귀기울일 필요가 있다.

어트나 성형처럼 시간과 비용이 많이 드는 것도 아니다. 간단한 조작만으로 작은 키를 크게 보이고, 둥근 얼굴을 갸름하게 보이도록 한다.

타인의 반응에 웃고 우는 사람들

셀피는 타인의 반응을 직접적으로 확인하게 해 준다. 실제 만남에서는 상대가 나를 어떻게 평가하는지 알기가 쉽지 않다. 다른 사람의 외모에 대한 직접적인 평가는 예의에 어긋날 수 있고, 상황에 따라서는 성희롱이 될 수도 있기 때문이다. 그러나 SNS상에서는 '좋아요'나 '하트' 수로 다른 사람의 반응을 직접 확인할 수 있다.

셀피 기술은 갈수록 진화하고 있다. 사진을 찍는 스마트폰 기계와 편집 프로그램뿐 아니라 사진을 찍는 사람들의 기술도 진화한다. 사진이 자연스럽게 나오도록 연출해야 하고, 자랑도 은근하게 해야 한다. 최근 옥스퍼드 사전에 새롭게 등재된 신조어 '험블브래그humblebrag'는 변화된 과시 방식의 의미를 잘 담고 있다. 겸손하다는 의미의 'humble'과 자랑하다는 의미의 'brag'가 결합해서 만들어진 이 단어는 겸손한 척하면서 은근히 자랑하는 사람이나 행동을 뜻한다.

셀피에서 중요한 것은 다른 사람들의 인정이기 때문에 '좋아요'나 '하트' 숫자는 큰 의미를 갖는다. 우리가 포스팅한 셀피에 '좋아요'나 '하트' 숫자가 올라가면 기분이 좋아지고, 그렇지 않으면 우울해진다. '카페인 우울증'은 이와 같은 우리들의 태도를 잘 표현해 주는 신조어이다. 여기서 '카페인'은 카카오톡, 페이스북, 인스타그램을 뜻하는데, 여기에 포스팅된 셀피가 우리의 자존감 형성에 영향을 미치는 중요한 요인이 된 것이다.

디지털 시대의 존재 근거가 된 셀피

《나는 셀피한다. 고로 존재한다》는 엘자 고다르가 2016년에 펴낸 책 제목이다. 이 제목은 '나는 생각한다. 고로 존재한다.'는 근대 철학자 르네 데카르트의 말을 살짝 비틀어 디지털 시대에 맞게 수정한 것이다. 데카르트가 르네상스 시대 인간의 존재 근거를 '사유'에서 찾았다면, 고다르는 21세기 디지털 시대 인간의 존재 근거를 '셀피'에서 찾았다고 할 수 있다.

자신의 존재 가치를 셀피에서 찾는 사람들은 타인의 이목을 끌고 더 많은 인정을 얻기 위해 위험한 행동을 하기도 한다. 고층 건물 옥상 난간이나 절벽같이 위험한 장소에서 셀피를 찍다 추락해서 부상을 입거나 목숨을 잃는 사람의 수가 수백 명에 달한다. 이렇게 무모하게 셀피를 찍는 행동을 자살 suicide에 빗대어 '셀피사이드selficide'라고 표현한다. 미국의 심리 전문가 길다 칼리는 이와 같이 셀피에 과도하게 집착하는 태도를 '새로운 마약 중독'이자 '전염력 강한 유행병'이라고 말한다.

셀피는 고독의 행위이자 외로움의 표현

우리가 인정받기를 바라는 사람들은 얼굴도, 실체도 없는 SNS상의 타인들이다. 우리 대부분이 기계적이고 피상적으로 '좋아요'를 누르듯이 그들도 그렇게 할 것이다. 이렇게 우리에게 큰 관심이 없거나 피상적인 관심만을 가진 사람들의 인정에 일희일비하는 태도가 바람직한지 깊게 생각해 봐야 한다.

셀피는 사진을 찍어 줄 사람이 없기 때문에 혼자서 자기 자신을 찍는 행위이다. 이런 점에서 셀피는 고독의 행위이자 외로움의 표현이다. 고독과 외로움은 디지털 혁명과 그로 인한 패러다임의 변화가 가져온 결과들 가운데 하나이다. 우리가 셀피를 통해 얻는 것은 언제나 가상의 '좋아요'에 불과하며, 이것은 현실 속의 고독감을 더할 뿐이다. 디지털 시대에 정작 우리에게 필요한 것은 믿음과 우정을 담은 다정한 눈길과 내 손을 꼭 쥐어 주며 세상의 온기를 느끼게 해 주는 따스한 손길이 아닐까?

| 이야기해 보기 |

SNS상에서 타인의 이목을 끌기 위해 내키지 않은 행동을 한 사례가 있는지 이야기를 나눠 보자.

아이돌을 따라 춤을 추는 아이들

요즘 중고등학교 교실에서는 쉬는 시간이나 점심시간에 혼자 또는 여러 명의 아이들이 음악을 틀어 놓고 아이돌 안무에 맞춰 몸을 흔드는 광경을 쉽게 목격할 수 있다. 어떤 아이들은 헤어스타일, 옷차림, 장신구, 말투까지 자신들이 좋아하는 아이돌을 똑같이 따라 한다.

픽션의 역설

미학 이론가 김주현은 영화에 심취하고 아이돌 음악에 열광하는 사람들의 문화 향유를 긍정적으로 평가한다. 문화를 즐기는 사람들에게 자신들이 처한 삶과 현실을 되돌아보게 하고, 새로운 사회 질서와 가치를 꿈꾸게 만들어 준다고 생각하기 때문이다.

미학에서는 이와 같은 현상을 '픽션의 역설'이라고 부른다. 대중문화가 제공하는 세계는 픽션의 세계이며, 그 픽션은 가상의 사건일 뿐이다. 우리는 그 점을 잘 알고 있다. 그럼에도 픽션이 현실에 영향을 주어 삶을 변화시키는 계기가 될 수 있다는 것이 픽션의 역설이다. 예를 들면, 우리는 영화관 객석에 앉아 가상의 사건들을 보면서 기뻐하거나 슬퍼하거나 분노하는 등

실제 감정의 변화를 경험한다. 그
리고 이와 같은 경험은 의식 깊숙
한 곳에 남아 있다가 삶의 순간
순간에 우리의 판단과 행동에 영
향을 미친다. 가상의 사건이 이런
방식으로 현실의 삶에 영향을 미
치는 것이다.

그들의 몸짓은 작은 혁명이다

어른들에게 소음처럼 들릴 수
있는 아이돌 음악도 그것을 즐기
는 아이들의 삶에 영향을 끼칠 수
있다. 아이돌 스타는 노래를 부르
면서 가사, 동작, 머리 모양, 옷차
림, 장신구 등을 통해 일관된 메시지를 전달하고, 아이들은 그들의 춤과 노
래를 따라 하면서 전달된 메시지에 공감하고 자신의 삶과 사회 질서를 다시
생각한다.

아이돌을 따라 춤을 추는 아이들은 유치한 감상에 빠져 생각 없이 몸을
흔드는 무력한 존재들이 아니다. 그들의 몸짓은 새로운 가치와 질서의 가능
성을 찾는 몸부림이며, 그런 의미에서 그들의 춤은 작은 혁명의 몸짓이라고
도 말할 수 있다. 무력을 동원해서 기존 질서를 파괴하는 것만이 혁명은 아
니다. 춤추고 노래하며 마음껏 끼를 발산하지만, 기존 질서를 비판적으로

바라보고 거기에 순종하지 않으며 새로운 가치와 질서를 꿈꾼다면, 그런 태도와 행동은 충분히 혁명적이라고 부를 수 있지 않을까?

아이돌 따라 하기는 현실을 견디는 대안

아이들은 무한한 가능성을 갖고 있고, 하고 싶은 일도 많다. 그러나 현실은 그들에게 대학 입시와 안정적인 직장을 위해 모든 것을 뒤로 미루라고 강요한다. 기성세대가 아이들에게 암묵적으로 강요하는 것은 돈과 권력만을 지향하는 배타적인 태도이다. 더 많은 돈과 권력을 얻기 위해서는 열심히 공부해서 좋은 대학 가고, 안정적인 직장을 잡아야 한다는 것이다. 레드벨벳은 〈행복〉에서 이와 같은 기존 질서를 거부하고, 카르페 디엠carpe diem 하라고, 다시 말해 지금 이 순간에 충실하라고 노래한다.

이런 money 저런 power 그것만 따, 따, 따, 따라 가다
어른들이 짠해 보여 그들은 정말로 행복하지 않아
기쁜 일이 멋진 일이 세계는 참, 참, 참 많은 데라
그런 money 그런 power 우리는 관심도 끊어 버린 지 오래

달라 달라 나는 좀 해 보고 싶음 그냥 하고 말지
고민 고민하다가 어른이 되면 후회 많을 텐데
어제 오늘 내일도 행복을 찾는 나의 모험 일기
달라 달라 나는 좀 긍정의 힘을 나는 믿고 있지

아이돌 음악에 맞추어 몸을 흔드는 아이들의 춤사위는 단순히 소모적인 몸짓이 아니다. 비록 가상의 세계이지만 아이들은 그곳에서 행복과 더 나은 세상을 꿈꾼다. 현실의 질서가 견디기 힘들 정도로 답답하다고 느끼는 아이들에게 가상의 세계는 하나의 작은 대안을 제공해 준다.

그렇다고 현실을 완전히 무시하라고 말하는 것은 아니다. 가상은 현실과 적절한 거리를 유지할 때 더욱 빛날 수 있다. 가상이 현실에서 너무 떨어지면 주변 사람들과의 관계가 모두 단절되어 외톨이처럼 될 수 있다. 가상이 현실에 너무 가까워져도 현실을 가상으로 착각해 막무가내로 행동하는 문제가 발생할 수 있다. 청소년들은 현실과 가상의 거리두기를 정확하게 이해하고, 가상의 경험을 확장시켜 나가는 법을 배워야 한다.

│이야기해 보기│

아이돌을 따라 춤을 추면서 대학 입시만을 강조하는 우리 사회를 바꾸겠다고 마음먹은 적이 있는지 이야기를 나눠 보자.

화장, 자아를 갖고 놀이하는 아이들

요즘 10대 여성 청소년들에게 화장은 일상적인 일이다. 중고등 학생의 80퍼센트 이상이 화장을 한다. 아이들은 아침 일찍 일어나 등교하기 전에, 늦게 일어나 시간이 없으면 등교해서 화장을 한다. 1교시가 시작되기 전 교실 풍경은 분장실을 방불케 한다. 아이들은 너 나 할 것 없이 손거울을 들여다보며 눈썹을 그리고 입술을 바르는 등 메이크업을 하느라 바쁘다.

화장을 대하는 어른들의 이중성

10대들의 화장에 어른들은 대체로 부정적으로 생각한다. 화장이 학생답지 못한 행위이며, 공부에 관심 없는 '날라리'나 하는 것이고, 연약한 10대의 피부에 좋지 않다고 본다. 대개는 화장하지 않은 얼굴이 더 예쁘다고 생각하기 때문이다.

아이들이 보기에 화장을 반대하는 어른들의 태도는 모순적이다. 어른들이 만든 사회는 아이들에게 화장을 적극 권장하기 때문이다. 우리 사회는 아이와 어른을 가리지 않고 모든 사람에게 아름다워지라고 강요한다. 아름다운 외모는 능력이라는 말까지 나온다. 오프라인이나 온라인 어디를 봐도 아름답게 생긴 사람에게 더 많은 기회가 주어진다. 이와 같은 상황에서 아름답게 보이기 위해 화장하는 것을 못하게 막는 일은 분명 모순이다.

화장은 자아 불일치를 해소하는 수단

자아 불일치란 실제적인 자아 이미지와 이상적인 자아 이미지가 일치하지 않는 것을 말한다. 자아 불일치를 경험하는 사람은 불만족, 슬픔, 실망 같은 우울한 감정을 자주 느끼는 것으로 알려져 있다. 안타깝게도 우리나라 10대 청소년들은 대부분 자아 불일치를 경험한다고 한다. 아이들이 자주 보는 TV, 유튜브, SNS 등에서 인기를 끄는 사람들은 대부분 아름답게 생겼다. 매일 이런 사람들만 보고 지내는 아이들이 상대적으로 평범하게 생긴 자신들의 외모에 만족할 리 없다. 그런 이유에서 10대 청소년의 절반 이상이 자기 외모에 불만족스러워하며, 이러한 불만족이 자아 불일치를 경험하게 만드는 중요한 원인으로 작용한다.

화장은 아이들의 자아 불일치를 약간이나마 해소해 주는 수단이다. 아이들은 정성을 다해 외모를 이렇게 저렇게 바꿔 본다. 외모가 바뀌면 자아도 바뀐다. 외모는 자아를 구성하는 중요한 요소 가운데 하나이기 때문이다. 화장은 자아를 시험하고 개선하는 행위라고 할 수 있다. 공부, 운동, 음악, 미술 등도 자아를 긍정적인 방향으로 변화시키는 데 영향을 주지만, 이 행위들로 자아 개선 효과를 보려면 꽤 오랜 시간과 많은 노력이 필요하다. 이에 비해 화장은 손

/ 이야기해 보기 /

우리가 화장하는 것을 반대하는 어른들의 태도는 정당한 것인지 이야기를 나눠 보자.

쉽고 빠르게 자아 개선 효과가 나타나도록 해 준다. 또래 친구들이 '멋지다', '예쁘다'고 피드백을 주면 그 효과는 더욱 커진다.

아이들에게 화장은 자아를 발견하는 놀이

우리는 가끔 다른 모습으로 변신하고 싶을 때가 있다. 현실의 내 모습이 마음에 들지 않을 때 특히 이러한 마음이 간절해진다. 아이들은 화장을 통해 잠깐이나마 자신의 모습을 평소와는 다르게 바꿔 보고, 그런 시도를 통해 성격이 적극적으로 바뀌거나 친구 관계가 좋아질 수도 있다.

아이들에게 화장은 인류학자 로제 카이와가 말한 '흉내 내기 놀이'라고 할 수 있다. 화장하는 아이들이 행복해 보이는 이유는 그것이 재미있는 놀이이기 때문이다. 이 놀이에서 장난감은 아이들의 자아이다. 아이들은 모래성을 쌓았다 허물듯이 자신의 얼굴을 정성스럽게 화장했다가 지우기를 반복하면서 새로운 자아를 발견하고 더욱 성장해 나간다. 그런 의미에서 화장하는 아이들은 자아를 갖고 놀이하는 호모 루덴스라고 할 수 있다.

/ 더 알아보기 /

흉내 내기 놀이

프랑스의 사회학자이자 평론가인 로제 카이와는 저서 《놀이와 인간》에서 놀이를 알레아alea, 아곤agon, 미미크리mimicry, 일링크스ilinx 네 가지로 구별했다. 알레아는 도박처럼 행운의 놀이이고, 아곤은 스포츠처럼 경쟁하는 놀이이며, 미미크리는 연기처럼 모방하고 흉내 내는 놀이이고, 일링크스는 롤러코스터처럼 공포를 즐기는 놀이이다. 이러한 관점에서 볼 때 화장은 일종의 흉내 내기 놀이라고 할 수 있다.

① 영국과 미국 시민 사회를 중심으로 전개되고 있는 바디 포지티브 운동에 대해 자료를 찾아보고, 이 운동에 동참할 수 있는 방안을 계획해 보자.

• 목적: 내 몸을 있는 그대로 사랑하고 가꾸자.

• 내용:

_____

_____

_____

• 동참 방안:

_____

_____

_____

_____

② 다음 자료는 SNS를 사용하는 사람들의 모습 중 하나이다. 이러한 상태에서 벗어나기 위한 몇 가지 방법 중 자신이 실천할 수 있는 항목에 ✔ 하고 직접 실천에 옮겨 보자.

> 요즘 카카오톡, 페이스북, 인스타그램 등의 SNS에 접속하지 않으면 불안감을 느끼고, 가족이나 친구와 함께 있을 때도 SNS를 수시로 확인하는 사람이 많다. 이들은 자신이 올린 글에 피드백이 없으면 초조해하고, '좋아요' 수가 적으면 우울감을 느끼며, '예쁘다', '멋지다'는 이야기를 듣고 싶어 셀카를 하루 한 번 이상 찍는다. 우리는 이러한 증상을 '카페인 우울증'이라고 부른다.

① 잠이 들기 10분 전에는 스마트폰을 만지지 않는다. (   )

② 등하교길 이동 시간에는 SNS 대신 간단한 독서를 한다. (   )

③ 나만의 SNS 휴일을 만들어 소셜 미디어 접속 시간을 줄인다. (   )

④ 가족이나 친구와 함께 있을 때는 스마트폰을 만지지 않고 대화에 집중한다. (   )

③ 대학 입시만을 강조하는 삶과 현실을 되돌아보고, 새로운 사회 질서와 가치를 꿈꿀 수 있게 만들어 주는 노래 가사를 찾아보자. 그리고 그 가사가 전달하는 메시지를 춤을 통해 표현해 보자.

- 노래 제목 / 가수:

- 가사:

④ 화장의 긍정적인 기능을 네 가지 적어 보자.

예 화장은 용모를 개선시켜 줌으로써 건강한 자아 형성에 기여할 수 있다.

- 화장은
- 화장은
- 화장은

나를 표현해 보기

❶ 매일 아침 거울을 보고 자기 몸의 매력을
   한 가지씩 찾아보자.

❷ 획일화된 미의 기준을 무조건적으로
   따르지 않고, 나만의 아름다움을 가꾸자.

❸ 일주일에 하루는 친한 친구를 직접 만나
   소통해 보자.

❹ 친구의 화장을 칭찬해 주고, 나만의
   개성이 드러나게 화장해 보자.

관계 맺는 몸

/ 몸끼리도 소통할 수 있을까?

/ 타인과의 상호 작용에 몸이 개입되면 쉽게 친근감이
느껴지는 이유는 무엇일까?

/ 몸의 개입이 최소화되는 언택트 문화에서 친밀한
인간관계를 맺기 어려운 이유는 무엇일까?

/ 타인과 좋은 인간관계를 맺기 위해서는 어떻게 해야 할까?

타인과의 관계는 어떻게 맺어야 할까

인간은 타인과 관계를 맺으면서 살아가야만 하는 존재이다. 내가 누구인지는 타인과 맺은 관계에서 결정된다. 부모님과의 관계에서 아들이나 딸이 되고, 선생님과의 관계에서 학생이나 제자가 된다.

나의 인생은 내가 누구를 만나 어떤 관계를 맺느냐에 따라 크게 달라질 수 있다. 특히 청소년기에 또래 친구들과 맺는 관계는 인생에 큰 영향을 끼친다. 좋은 친구를 만나 깊은 우정을 쌓고 친밀한 관계를 맺으면, 삶이 더욱 충만하고 풍요로워질 수 있다. 그러나 타인과 좋은 관계를 맺는 일은 감정 노동 없이는 쉽게 이루어지지 않는다. 특히 언택트 문화에 익숙한 청소년은 타인과 친밀한 관계를 맺는 데 더 큰 어려움을 겪을 수 있다. 이 장에서는 타인과 관계를 맺는 데 있어 몸의 역할에 대해 알아볼 것이다.

우리는 타인과 관계를 맺을 때 반드시 말이나 글로 소통해야 한다고 생각한다. 그러나 두 사람이 만나 대화를 나눌 때 의식적으로 진행되는 대화와는 별도로 무의식 차원에서 몸끼리의 교류가 전개된다. 첫째 글에서는 언어 소통의 밑바탕에는 소통 참여자의 의지와는 무관하게 몸 소통이 진행되며, 이것은 언어 소통에 직간접으로 영향력을 행사한다는 점을 설명할 것이다. 둘째 글은 관계 맺음에 의도적으로 개입시킨 몸의 역할에 대해서 알아볼 것이다. 함께 밥 먹기나 체육 대회 같은 행사가 그런 경우인데, 행사 참가자들은 이를 계기로 타인과 더욱 친밀한 관계를 맺게 된다. 한편 요즘 타인과의 관계 맺음에서 편리성과 속도 때문에 SNS를 활용하는 사람이 크게 늘고 있는데, 셋째 글에서는 이와 같이 몸 소통이 부재한 상황에서 속성으로 맺은 인간관계가 사회성 욕구를 충분히 채워 주지 못한다는 점을 설명할 것이다. 넷째 글에서는 얼굴이나 몸매 등 외모를 기준으로 사람을 판단하고 사귈 경우에 인간관계는 마르틴 부버가 말하는 '나와 그것'의 관계로 변질되며, 진실한 인간관계인 '나와 너'의 관계를 회복하기 위해서는 '길들여지기' 방식으로 관계를 맺어야 한다는 점을 설명할 것이다.

몸의 속삭임에 귀 기울이기

인간의 몸은 닫히고 고립된 사물들과 달리 세계에 열려 있다. 몸이 세계에 열려 있다는 것은 같은 공간에 있는 사물이나 타자와 서로 얽혀 있으며, 일정한 관계망을 형성한다는 의미이다. 인간의 몸이 세계에 열려 있는 이유는 그것이 사물과 타자를 감각하는 '감각 덩어리'이기 때문이다.

감각적 리듬과 떨림의 교감은 바로 '몸 소통'

몸은 외부에서 주어지는 자극의 일부분만을 받아들이고, 그렇게 받아들인 자극을 원래 상태가 아니라 자신이 처리할 수 있는 상태로 바꿔서 감지한다. 몸으로 감지된 자극은 쾌 또는 불쾌의 감정을 촉발한다. 이렇게 촉발된 감정은 자극을 준 대상에 대해 호감이나 비호감으로 전환되어, 이후 그것에 대한 태도에 지속적으로 영향을 미친다. 이와 같이 감각의 차원에서 진행되는 상호 교류 과정을 몸 소통이라고 부른다.

감각 덩어리인 몸은 외부 세계를 향해 계속 고유한 감각적 리듬과 떨림을 발산한다. 우리가 어떤 대상을 지각한다는 것은, 그 대상에서 발산되는 감각적 리듬과 떨림에 우리 몸에서 발산되는 감각적 리듬과 떨림이 동조하는

것이다. 리듬과 떨림의 동조는 인간과 인간이 대면하는 상황에서 더욱 활발하게 이루어진다. 두 사람이 대면하면 각자의 몸에서 발산되는 리듬과 떨림이 서로의 몸을 뚫고 들어가 상쇄하거나 보강하는 방식으로 상대의 고유한 리듬과 떨림을 변화시킨다.

떨림이 남긴 흔적

두 사람의 리듬과 떨림이 만나 쾌감을 촉발하고 온몸에 전율을 일으킬 정도로 증폭되면, 강한 끌림이 발생해 두 사람은 친구나 연인의 관계로 발전할 가능성이 높다. 반면에 불쾌감을 동반하는 감각적 리듬과 떨림의 동조는 두 사람 사이에 거부감을 일으키고 공포와 적대감을 만들어 낼 수 있다. 예를 들면, 인적이 드문 골목길에서 낯선 사람이 위협적으로 다가올 때 공포심이 생겨나고 온몸이 경직되거나 부들부들 떨린다. 이것은 상대의 몸에서 발산되는 리듬과 떨림이 불쾌감과 함께 내 몸의 고유한 리듬과 떨림을 압도했기 때문에 나타나는 현상이다.

몸은 어떤 방식으로든 한 번 떨리고 나면 그 떨림의 흔적을 자신 속에 남기며, 흔적으로 남겨진 것은 기억을 통해 다시 끄집어 낼 수 있다. 예를 들면, 깊은 우정을 나눈 친구나 사랑하는 이는 비록 함께 있지 않을지라도 그 사람을 생각하는 것만으로도 함께했던 순간의 떨림을 다시 경험할 수 있다. 좋지 않은 관계를 맺었던 사람도 마찬가지이다. 우리는 그 사람을 생각하기만 해도 화가 치밀어 오르거나 치가 떨리는 경험을 한다.

머리는 거짓말을 하지만, 몸은 거짓말을 못한다

우리가 타인과 소통하는 중요한 목적 가운데 하나는 상대방을 설득하는 것이다. 아리스토텔레스는 사람을 설득하는 데 가장 필요한 자질로 말하는 사람의 고유한 성품을 꼽았다. 우리가 어떤 사람의 성품에 끌린다는 것은 그 사람을 직접 만나 다양하게 경험하고, 그 사람의 체형, 자세, 옷차림, 목소리, 단어 선택, 시선, 성실성, 신뢰성, 카리스마 등에 호감을 갖게 된다는 말이다. 호감은 감각적인 차원에서 진행되는 몸 소통의 과정에서 무의식적으로 형성되는 감정이다. 결국 몸 소통이 사람을 설득하는 데에도 중요한 역할을 담당한다는 점을 알 수 있다.

사람을 사귈 때 정말로 자신이 그 사람을 원하는지 알기 위해서는 몸이 하는 말에 귀를 기울일 필요가 있다. 그렇지만 몸이 하는 말에 귀를 기울이다 보면, 때때로 이중 구속 상황에 처하는 경우가 발생한다. 이중 구속이란 머리가 요구하는 것과 몸이 요구하는 것이 달라서 결정하기 어려운 상태를 의미한다. 예를 들면, 어떤 사람이 머리로는 끌리지만 몸으로는 끌리지 않거나, 몸으로는 끌리지만 머리로는 끌리지 않아 주저하는 상태가 이중 구속 상황이다. 우리는 이런 상황에 처했을 때 몸의 말에 조금 더 귀를 기울일 필요가 있다. 머리는 거짓말을 할 수 있지만 몸은 거짓말을 하지 못하기 때문이다. 특히 오래 사귀고 싶은 친구나 평생을 함께할 인생의 동반자를 선택하는 상황이라면 계산하는 머리보다 직감하는 몸의 속삭임에 귀를 기울일 필요가 있다.

/ 이야기해 보기 /
몸이 원하는 것과 마음이 원하는 것이 달라 쉽게 결정을 내리지 못했던 이중 구속 상황의 경험에 대해 이야기를 나눠 보자.

함께 밥 먹고, 함께 운동하기

학교나 교회 또는 동아리에서는 단합 대회를 많이 한다. 단합 대회는 대부분 함께 밥을 먹거나 함께 운동하는 방식으로 이루어지는데, 이는 구성원 사이의 친목을 다지고 관계를 깊게 만드는 데 효과적이다. 왜 그럴까? 함께 먹고 함께 운동하는 동안 몸을 많이 쓰기 때문이다. 몸이 적극 개입하는 상호 작용에 참여하는 사람들은 서로 경계심을 늦추고 쉽게 다가갈 수 있으며, 차이점보다 공통점에 주목함으로써 쉽게 친해질 수 있다.

함께하며 찾는 너와 나의 동질감

우리는 타인과 함께 밥을 먹으면 비록 그가 낯선 사람이더라도 쉽게 긴장감이 해소되어 편하게 대화를 나눈다. 타인과 함께 밥을 먹으면 혼자 먹을 때보다 밥맛이 좋아지고 식욕도 왕성해진다. 상대방이 맛있게 먹는 모습을 보면 식욕이 자극받기 때문이다. 또한 밥을 먹기 시작하면 음식이 입안의 미각을 자극해서 기분이 좋아지고 배고픔이 해소되어 포만감을 느낀다. 그러다 보면 자신도 모르는 사이에 마음이 느긋해져서 심리적으로 여유가 생기고, 타인에 대한 경계심도 약해진다.

또한 다른 사람과 함께 밥을 먹다 보면 함께 있는 사람의 다름보다 같음에 주목하게 된다. 우리는 평소에 선생님이나 선배가 자신과는 다른 사람이라고 생각한다. 복장, 말투, 태도 등으로 나타나는 사회적 역할이 그들을 우리와는 다른 사람으로 보이게 만든다. 그러나 함께 밥을 먹다 보면 사회적 역할이라는 가면의 힘이 점점 약해지고, 자신의 본래 모습이 자연스럽게 드러난다. 그들도 나처럼 손을 움직여 음식을 뜨고 입을 오물거리면서 음식을 씹고 맛있게 먹는 모습을 보면서, 나와 그들의 다름보다 같음에 주목하고 이질감보다 동질감을 느끼게 된다.

　이와 같은 결속 효과는 몸이 적극 개입하는 대부분의 상호 작용 과정에서 나타난다. 다른 사람과 함께 롤러코스터를 타거나 함께 극기 훈련을 받거나 함께 운동할 때도 같은 효과가 나타난다. 롤러코스터를 타면 몸의 안전이 위협받아 불안이나 공포를 느끼는데, 이럴 때 대부분의 사람은 타인에게 의지하고 싶어 한다.

심리적 장벽을 해소하는 스킨십

단합 효과는 한 팀을 이루고 다른 팀과 경쟁하는 운동 경기에서 더욱 분명하게 나타난다. 축구 경기에서 같은 편이 된 사람들은 공동의 목표를 위해 합심하고 협동하면서 쉽게 하나 됨을 경험하기 때문이다. 줄다리기나 기마전에서는 스킨십이라는 요소가 추가됨으로써 단합 효과가 더욱 커진다. 밀고, 당기고, 업고, 받쳐 주면서 자연스럽게 스킨십이 이루어지는데, 스킨십은 긴장을 완화시켜 주고 서로의 간격을 좁혀 주기 때문이다.

스킨십은 긴장을 해소시켜 줌으로써 심리적인 경계심을 약하게 만들어 준다. 외지에서 손님이 찾아왔을 때 악수나 포옹을 하면서 인사하는 문화권이 많고, 정치인들이 선거철이 되면 수없이 많은 사람과 악수하고 다니는 이유도 스킨십의 효과 때문이다. 어린 시절 팔짱을 끼거나 어깨동무하거나 몸을 맞대고 힘겨루기를 하며 함께 자란 친구들이 특별히 친한 이유도 여기에서 찾을 수 있다.

스킨십? 감정의 교류!

스킨십은 인간관계에서 이루어지는 피부와 피부의 접촉에 의한 감정의 교류를 의미한다. 스킨십은 스트레스를 감소시켜 주고, 통증을 완화해 주며, 마음을 안정시켜 준다. 우리 몸은 스트레스를 받으면 스테로이드 호르몬의 일종인 코르티솔을 분비해 대사 작용을 촉진한다. 대사 촉진을 통해 스트레스에 대항하려는 것이다. 그러나 호르몬이 지나치게 분비되면 식욕이 증가해 지방이 축적되고, 근육 단백질이 과도하게 분해되어 근조직이 손상되며, 면역 기능도 저하된다. 스킨십은 코르티솔 분비를 감소시켜 줌으로써 스트레스 해소 효과가 있다.

스킨십은 통증을 완화해 주기도 한다. 누구나 어린 시절 배가 아팠을 때 어머니께서 '엄마 손은 약손' 하며 배를 쓰다듬어 주던 기억이 있을 것이다. 어머니의 손길은 신기하게도 약 이상으로 통증을 완화해 준다. 스킨십 효과 덕분이다. 또한 신생아에서 노인에 이르기까지 모든 연령층을 대상으로 한 연구에서 스킨십이 정서적 안정을 가져다준다는 결과가 보고되었다. 마사지를 받거나 누가 손을 잡아 줄 때나 따뜻하게 안아 줄 때 우리 대부분이 긴장이 완화되고 심리적으로 편안한 느낌을 받는 이유도 스킨십 덕분이다.

친구와 함께 밥을 먹거나 운동을 하면서 심리적 장벽이 낮아져 더 깊은 관계가 된 사례가 있는지 이야기를 나눠 보자.

SNS 친구가 채워 주지 못하는 것들

SNS의 중요한 기능 가운데 하나는 낯선 사람들과 자유롭게 관계를 맺고 소통하면서 인간관계를 넓히는 것이다. 우리는 스마트폰을 이용하면서 적어도 한 개 이상의 SNS 계정을 갖고 있고, 계정 별로 적게는 수십에서 수백, 많게는 수천에서 수만 명의 사람과 친구 관계를 맺는다. 이렇게 우리는 SNS 덕분에 하루 중 많은 시간을 사람들과 접속하고 소통하지만, 정작 우리 가운데 다수는 혼자 먹고 혼자 게임하며 외롭게 살아간다.

속성으로 맺은 관계, 신뢰로 맺은 관계

몇몇 연구 결과에 따르면, SNS 접속 시간이 길수록 이용자의 외로움은 더 커진다고 한다. 왜 그럴까? 그것은 아마도 SNS 친구들이 사회성 욕구를 채워 줄 만큼 나와 깊고 친밀한 관계를 맺지 못했기 때문일 것이다. 외로움은 관계 결여에 대한 정서적 반응이다.

그렇다면 SNS 친구들과의 관계는 왜 깊지 못할까? 친구는 무엇보다 신뢰로 맺어진 관계이다. 어떤 사람을 신뢰하려면 먼저 그 사람이 어떤 사람인지 알아야 한다. 모르는 사람을 믿고 신뢰할 수는 없다. 사람을 제대로 알려면 그 사람을 가까이에서 오래 경험해 봐야만 한다. 가까우면 가까울수록 더욱 좋다. 더 많은 감각 기관이 동원되어 그 사람을 속속들이 알 수 있기 때문이다. 그런데 SNS 친구와의 교류는 주로 원거리 감각 기관인 시각으로 이루어지며, 서로 보고 보여 줌을 통해서 관계가 형성된다. 시각 정보만으로는 그 사람을 충분히 알기 어렵다.

더욱 큰 문제는 SNS상에서는 과장과 왜곡이 발생한다는 점이다. SNS 이용자들은 대부분 타인의 관심에 민감하게 반응하기 때문에 그들이 포스팅한 글과 사진은 과장해서 꾸며지고 연출된 것이 많다. 그 사람이 어떤 사람인지 충분히 알기 어렵다는 말이다. 이렇게 잘 알지 못하는 사람과 마음을 열고 신뢰를 쌓기는 어렵다. 그래서 SNS를 통해서 맺은 관계는 상호 신뢰감을 형성하는 데 충분하지 않은 관계라고 말할 수 있다.

너와 내가 대면해 몸과 몸으로 만난다는 것

깊은 우정을 나눌 수 있는 친구를 사귀기 위해서는 대면하는 만남을 가져야만 한다. 몸과 몸으로 만나야 한다는 것이다. 그래야 평면적인 시각만이 아니라 입체적인 청각, 후각, 촉각 등을 모두 동원해서 그 사람에 대한 다양한 정보를 습득하고 그 사람을 더 잘 알게 된다. 우리는 대면적인 만남을 통해 그 사람의 외모와 말투뿐 아니라 체취, 습성, 몸의 느낌 등도 알게된다.

그 사람이 왜 좋은지 또는 왜 좋지 않은지 말로 설명하기는 쉽지 않다. 그저 그런 감정이 생겨나며, 좋지 않은 감정이 앞서면 그 사람을 피하게 되고 오래 사귀기 어렵게 된다. 반면에 좋은 감정이 앞서면 끌리고 오래 사귀게 된다. 한 사람을 가깝게(親) 오래(舊) 사귀면, 다시 말해 친구(親舊)가 되면 그 사람의 생김새, 목소리, 체취, 습관 등에 익숙해진다. 그와의 교류가 반복되어 관계가 깊어지면, 함께했던 순간들이 당시의 감정과 함께 몸에 기억된다. 이 기억들은 많은 시간이 흘러도 사라지지 않으며, 삶의 순간순간에 추억으로 되살아나고 그리움의 대상이 된다. 특히 외롭고 울적할 때 친구를 떠올리면 이 세상 어딘가에 내 편이 되어 줄 사람이 있다는 생각에 위안을 받기도 한다. 이렇게 친구에게는 생각하는 것만으로도 외로움을 달래주는 힘이 있다.

우정은 감정 노동 없이 얻어지지 않는다

SNS 친구들에게는 오래 사귄 친구가 주는 힘이 없다. SNS 친구들과는 직접 만나 깊은 정서적 유대감을 쌓을 기회가 없었기 때문이다. 그들과 특별한 관계를 맺기 위해서는 마음의 문을 열고 직접 몸으로 만나 교류하는 것이 중요하다.

우리에게 필요한 사람은 취향 이상의 무엇인가를 오래 함께 나누는 친구, 나에게 좋은 일이 있을 때 함께 기뻐하고 슬픈 일이 있을 때 함께 슬퍼하며, 내가 힘들 때 모든 일을 제쳐 두고 달려와서 위로해 주는 친구이다. 이와 같은 우정은 아무런 감정 노동 없이 저절로 얻어지지 않는다. 그것은 사람을 직접 만나 마음의 문을 활짝 열고 오래 사귀면서, 조건 없이 그 사람을 좋아하고, 그 관계를 소중하게 여길 때 비로소 선물처럼 주어지는 것이다. 좋은 우정을 쌓는 데 필요한 것은 속성의 공학이 아니라 숙성의 미학이다.

/ 이야기해 보기 /

친구와 대면해서 이야기할 때보다, SNS로 만난 친구와 이야기할 때 잘 통하지 않는다고 느꼈던 적이 있는지 이야기를 나눠 보자.

꽃과 어린 왕자

우리는 외모 지상주의가 만연한 사회에 살고 있다. 외모 지상주의는 얼굴과 몸매 같은 외모를 기준으로 사람의 가치를 평가하는 경향을 말한다. 이렇게 외모를 기준으로 사람의 가치를 평가하는 사람은 타인과 진실한 관계를 맺기 어렵다. 타인과 진실한 관계를 맺으려면 그 사람과 인격적으로 만나야 하는데, 외모를 중시하는 태도가 그런 만남을 가로막기 때문이다.

관점이 바뀌면 관계도 바뀐다

레이먼드 카버의 단편 〈그들은 당신 남편이 아니야〉는 남편이 아내의 외모를 평가하기 시작하면서 관계가 달라지는 상황을 잘 보여 준다. 어느 날 얼은 도린이 일하는 카페에서 남자 손님들이 도린을 두고 살쪘다며 빈정거리는 것을 들었다. 그는 아내에게 다이어트를 하라고 성화를 부린다. 직장과 가정 일로 피곤한 도린은 음식까지 줄이자 점점 수척하고 무기력해진다. 몇 달 뒤 다시 가게를 찾은 얼은 수척해진 아내의 모습에 뿌듯해하며, 손님들이 아내의 몸을 어떻게 말하는지 듣기 위해 신경을 곤두세운다.

이 이야기는 사람을 보는 관점이 바뀌면 그 사람과 맺는 관계도 바뀐다는 점

을 잘 보여 준다. 얼과 도린은 사랑으로 관계를 맺었고, 결혼해서 10년 넘게 함께 살아 왔으며, 서로가 서로에게 아주 특별한 존재였다. 마르틴 부버는 이러한 관계를 '나와 너'의 관계라고 불렀다. 이 관계에서 상대는 나와 같이 고유한 감정과 목표를 가지고 살아가는 주체적인 인간으로 인정된다.

그러나 얼이 낯선 남자들의 이야기를 듣고 도린을 '살찐 여성'으로 보기 시작하면서 두 사람의 관계는 '나와 그것'의 관계로 바뀐다. '나와 그것'의 관계에서 상대는 나의 목적을 위해 이용되는 수단으로 간주된다. 부버는 '나와 그것'의 관계가 만연해 있는 현대 사회에서 인간관계에 생명력을 불어넣기 위해서는 '나와 너'의 관계를 회복해야 한다고 강조했다.

길들여지기를 통해 맺어진 나와 너의 관계

그렇다면 '나와 너'의 관계는 어떻게 맺어질까? 앙투안 드 생텍쥐페리는 《어린 왕자》에서 '길들여지기'가 그 방법이라고 말한다. 여기서 '길들여지기'

는 상대방을 우선시하고, 내가 먼저 바뀌어 상대방에게 맞춰 주는 관계 맺기 방식이다. 김모세는 '길들여지기'를 통해 맺어진 '나와 너'의 관계는 다음과 같은 세 가지 특징이 있다고 했다.

첫째, 이 관계는 서로가 서로에게 특별한 사람이 되는 관계이다. 그런 관계를 맺은 사람이 함께 아픔을 느끼고 함께 울어 주는 친구, 내 삶에 깊숙이 파고들어 나를 길들이는 친구, 아주 특별한 친구가 될 수 있다.

둘째, '나와 너'의 관계는 서로가 서로를 끝까지 책임지는 관계이다. 생텍쥐페리의 《인간의 대지》에서 조난당한 사람들이 극한의 상황에서도 끝까지 살아남았던 것은, 노심초사하며 그들을 기다리는 사람들에 대한 책임 때문이라고 말한다. 책임으로 맺어진 나와 너의 관계에서는 자기의 고통이 아닌 타인의 고통에 더 주목하는 입장의 뒤바뀜이 일어난다. 이러한 책임의 의미는 고통과 어려움에 직면해 너무 쉽게 삶을 포기하려는 사람들에게 시사해 주는 바가 많다.

셋째, '나와 너'의 관계는 오랜 시간이 걸려서야 맺어지는 관계, 충분한 시간이 필요한 관계이다. 장미꽃이 그토록 소중한 이유는 어린 왕자가 장미꽃을 위해서 소비한 많은 시간 때문이다. 이처럼 서로를 소중하게 여기는 '나와 너'의 관계를 맺기 위해서는 많은 시간과 인내심이 필요하다. 친구와의 깊은 우정은 그와 함께 공유한 많은 추억, 함께 겪은 많은 어려운 시간이 있었기 때문에 선물처럼 주어지는 것이다.

/ 이야기해 보기 /

생텍쥐페리는 《어린 왕자》에서 '길들여지기'가 관계 맺음의 중요한 원리라고 말한다. 친구를 사귈 때 '길들여지기'가 뜻하는 바가 무엇인지 이야기를 나눠 보자.

① 다음 빈칸에 공통으로 들어갈 단어를 써 보자.

1) 소통이란 언어를 수단으로 이루어지는 사람과 사람 사이의 의미 교환 과정을 의미하며, 소통의 성공 여부는 화자(話者)의 논리성과 열정적 태도에 달려 있다고 말한다. 그렇지만 모든 언어적 소통의 밑바탕에는 무의식적 차원에서 진행되는 (   ) 소통이 자리하고 있다.

2) (   ) 소통은 사람과 사람 간에 무의식적으로 이루어지는 감각적 리듬과 떨림의 교감을 뜻하는데, 이것은 언어적 소통에 적지 않은 영향력을 행사한다.

② 다음 자료를 보고, 친구들과 상호 작용하는 과정에서 몸이 적극적으로 개입되는 경우와 그렇지 않은 경우를 생각해 보자.

> 타인과 상호 작용하는 과정에 몸이 적극적으로 개입될 때는 그렇지 않은 경우보다 친밀성과 공감대가 쉽게 형성된다. 왜냐하면 이 과정에서 자연스럽게 나타나는 몸의 생리적 반응이 심리적 장벽을 낮춰 주고, 서로 쉽게 다가갈 수 있게 해 더욱 활발하게 상호 작용할 수 있게 도와주기 때문이다.

1) 몸이 적극적으로 개입되는 상호 작용

- 예 함께 밥 먹고, 함께 운동하기
-
-

2) 몸이 적극적으로 개입되지 않는 상호 작용

- 예 함께 e-스포츠 하기
-
-

③ 친구에게는 생각하는 것만으로도 외로움을 달래 주는 힘이 있지만, SNS 친구에게는 그런 힘이 없다. 그 이유에 대해 생각해 보자.

④ 생텍쥐페리의 《어린 왕자》에는 참된 인간관계를 맺기 위해서 서로에게 길들여져야 한다는 내용이 있다. 자신이 친구를 사귈 때 취하는 행동을 생각해 보고, 그 행동의 구체적 사례를 적어 보자.

1) 자신이 친구를 사귈 때 취하는 행동에 ✔ 표시해 보자.

〈길들여지기를 통해 맺어질 수 있는 '나와 너' 관계의 특징〉

- 상대방을 먼저 생각한다. (　　　)
- 내가 먼저 변화하여 상대에게 맞춰 준다. (　　　)
- 상대에게 특별한 사람이 되기 위해 노력한다. (　　　)
- 상대에게 무한한 책임을 진다. (　　　)
- 조급해하지 않고 인내하며, 관계가 숙성되기를 기다린다. (　　　)

2) 1)에서 체크한 행동에 대한 구체적 사례를 적어 보자.

몸으로 소통하기

❶ 일상생활에서 설렘, 두근거림, 떨림 같은
몸의 속삭임에 귀를 기울여 보자.

❷ 소통은 언어로 하지만 가장 밑바탕에서는
몸끼리 이루어진다는 것을 기억하자.

❸ 주 1회 이상 친한 친구와 만나 함께 밥을
먹거나 함께 운동을 해 보자.

❹ 깊은 우정은 너와 내가 대면해 몸과 몸으로
만날 때 생겨난다는 것을 기억하자.

06

사랑하는 몸

/ 사랑이란 감정의 달콤한 진실일까?

/ 사랑은 내가 아니라 호르몬이 하는 거라고?

/ 헤어지면 왜 슬픈 걸까?

사랑할 때 우리는 어떻게 달라질까

사랑처럼 사람을 설레게 하는 것은 드물다. 사랑의 설렘은 몸으로 전달된다. 사랑은 인간이 할 수 있는 가장 아름답고 신비로운 경험이다. 그 경험을 통해 사람은 자신의 존재와 타인에 대한 이해를 넓혀 간다.

사랑에 빠진 사람은 가장 먼저 세상이 아름답게 보이는 변화를 느낀다. 그것은 두 존재가 운명처럼 부딪히는 순간 아름다운 것만 보도록 눈을 멀게 한 때문이다. 사랑은 두 개의 우연이 만나 필연이 될 때 이루어진다. 그러나 영원할 것 같았던 사랑의 맹세도 허망하게 깨어진다.

청소년기의 사랑은 무엇일까? 만일 진정으로 사랑하는 사람이 생긴다면 그 사람을 소유하려 해서는 안 된다. 사랑하는 이는 소유하는 대상이 아니라 나와 함께 존재할 때 아름답게 빛난다. 사랑은 소유로 만드는 순간 관계에 금이 가기 시작한다. 그래서 사랑은 마주 보는 것이 아니라 같은 방향을 함께 보는 것이다.

청소년기의 사랑은 삶의 아름다운 보석이다. 왜냐하면 그 순수한 감정을 생애 최초로 맞이하기 때문이다. 가슴이 쿵쾅거리고 얼굴이 빨개지고 달콤한 전율이 온몸을 타고 흐르는 몸의 변화는 기적이 아니면 무엇일까. 이 기

적은 몸의 화학적·물리적 변화로 설명할 수 있다. 이성을 만나고 싶은 욕구는 자연법칙이며, 성장의 절정에 이르렀다는 뜻이다. 사랑에 대한 자연 과학적인 설명은 사랑을 객관적으로 바라보게 만든다.

사랑은 사소한 것도 소중하게 만드는 힘이 있다. 사랑하는 사람에게 받은 선물은 다른 그 무엇과 대체할 수 없다. 사랑이 달콤한 이유를 자연 과학에서는 호르몬 때문이라고 한다. 우리의 몸에는 사랑을 만들고 전달하는 물질이 가득하다. 재채기처럼 사랑을 숨길 수 없는 이유도 호르몬의 작용에 몸이 저항할 수 없는 까닭이다. 결국 사랑도 몸의 일이다.

몸으로 사랑을 느끼고 싶다면 이 장을 유심히 읽어 보자. 그러면 혹 새로운 사랑이 생길지도 모른다.

사랑을 했다, 우리가 만나

"사랑을 했다 우리가 만나 지우지 못할 추억이 됐다"(아이콘, 〈사랑을 했다〉). 대중가요의 사랑 이야기는 대부분 과거형으로 끝난다. 사랑은 언제나 이미 떠나고 없다. 그래서 "널 사랑했고 사랑받았으니 난 이걸로 됐어."라고 스스로 위로한다. 한 사람이 마음속에 머물다 떠나고 나면 세상에 꼭 나 혼자 있는 것처럼 외로워진다. 버림받은 사랑의 끝은 그렇게 순식간에 찾아온다.

사랑은 가장 아름답고 신비로운 경험

사랑의 시작도 마찬가지이다. 아무렇지도 않았던 몸에 갑자기 전류가 흐르면서 사랑은 찾아온다. 그 이상한 몸의 반응은 일부러 만들 수도 없고, 오지 못하게 막을 수도 없다. 그래서 운명처럼 느껴지는 것이다. 사랑은 인간이 할 수 있는 가장 아름답고 신비로운 경험이다. 그 경험은 존재의 지평을 확장한다. 사랑하기 전과 사랑한 이후의 자신이 확연히 달라진다는 뜻이다.

그 변화는 먼저 아름다움의 자각에서 시작된다. 사랑이 가슴을 점령하면 온 세상이 아름답게 보인다. 왜 그럴까? 사랑에 빠지는 순간 우리는 아름다움의 렌즈로 세상을 본다. 그 렌즈는 스스로 만든 것이 아니라 사랑하는 사람에게 선물 받은 것이다. 사랑을 받는다는 것은 이런 과정을 말한다. 물론 내가 사랑하는 사람도 내가 선물한 렌즈로 세상을 아름답게 볼 것이다. 이 주고받음, 능동과 수동을 만남이라 부른다.

사랑은 만남에서 이루어진다. 만나지 않은 사랑은 존재하지 않는다. 만남은 주체와 객체가 한 공간을 점유하는 시간을 말한다. 그때 내가 그 시간, 그곳에 있지 않았다면 사랑을 만나지 못했을 것이다. 상대도 마찬가지이다. 사랑이란 이처럼 두 개의 우연이 만나 필연이 될 때 이루어진다. 그래서 사랑을 한다는 것은 필연적으로 사랑을 받는다는 것을 의미한다.

같은 공간에 있다고 해서 모든 사람이 다 사랑이 되지는 않는다. 사랑이 이루어지려면 시선의 뒤엉킴이 있어야 한다. 서로 쳐다보고 가슴이 뛰어야 하는데, 한쪽의 시선만 다른 쪽을 바라보면 우리는 이 일방적인 바라봄을 짝사랑이라 부른다. 짝사랑은 하염없이 나의 시선만 쏟아붓는 쓸쓸한 일이다. 그러다 문득 그의 시선이 나의 시선과 만날 때 비로소 사랑이 꽃핀다.

이별의 아픔은 다음 사랑을 위한 성장통

사랑도 사람의 일이라 언젠가는 시들고 만다. 사랑을 막 시작했을 때의 설렘은 온데간데없고 섭섭한 것만 눈에 들어온다. 누구를 탓할 수도 없다. 왜 이런 비극이 찾아올까?

에리히 프롬은 그 이유를 소유냐 존재냐의 차이로 설명한다. 사랑 혹은 사랑하는 사람은 소유할 수 있는 대상이 아니다. 꽃이 아름답다고 꺾어 소유하는 순간 시들 듯이, 사랑을 자신의 것으로 만드는 순간 시들기 시작한다. 꽃은 그냥 아름다운 채 존재하도록 지켜보아야 한다. 상대의 취미를 간섭하고, 옷의 취향을 바꾸고, 그의 친구마저 관리하려 들면 그 사랑은 오래가지 않는다. 생텍쥐페리는 《인간의 대지》에서 "사랑은 서로 마주 보는 것이 아니라 함께 바라보는 것"이라고 했다. 그가 춤을 추고 싶어 하면 춤추게 하고, 그가 공부하고 싶어 하면 함께 공부해야 한다.

이런 사랑이어도 사랑은 끝내 부서지기 쉽다. 특히 청소년의 사랑은 만남이 제한적이라 더더욱 그러하다. 어쩌면 더 큰 운명적인 만남을 위한 성장통인지도 모른다. 모든 생명체는 커 가면서 성장통을 앓는다. 뼈의 빠른 성장 속도를 따라가지 못할 때 근육이 아프듯, 사랑도 빠른 성장을 따라가지 못하면 깨어지고 무너진다. 모든 성장은 아픔을 동반한다.

> **| 이야기해 보기 |**
> 연인과 이성 친구는 특정 목적을 이루는 데 필요한 존재가 아니다. 현재 내가 가진 가치관과 연애관에 대해 친구들과 이야기해 보자.

괜찮아, 사랑이야

이몽룡이 성춘향을 처음 만난 것은 열여섯 살 때였다. 로미오가 사랑한 줄리엣은 겨우 열세 살이었다. 지금으로 치면 청소년기이다. 아무리 입시에 바빠도 사랑은 찾아온다. 청소년기는 붓꽃처럼 청순하고 장미꽃보다 아름다운 순간이어서 너무나 사랑스럽기 때문이다. 그래서 청춘을 꽃다운 나이라 부른다.

사랑을 느낀다는 것은 건강하게 살아 있다는 것

청소년기의 사랑이 아름다운 또 다른 이유는 그 순수한 감정을 생애 최초로 맞이하기 때문이다. 가슴이 쿵쾅거리고 얼굴이 빨개지고 달콤한 전율이 온몸을 타고 흐르는 몸의 변화는 기적에 가깝다. 몸은 사랑의 기적이 일어나는 장소이다. 사랑에 빠진 몸은 시각, 청각, 촉각 등 모든 감각을 동원해 달콤함과 두근거림과 설렘을 느끼려 한다. 몸의 이런 변화는 무엇을 뜻할까?

진화 생물학자들은 생물의 사랑, 짝짓기 등이 유전자가 자신을 후대에 전달하기 위한 수단이라고 설명한다. 예를 들어, 미국 중서부에 서식하는 프레리도그의 암컷은 수정률을 높이기 위해 여러 수컷과 교미를 한다. 반면에 한 번 운명의 짝을 정하면 그 상대 외에는 사랑을 주지 않는 프레리 들쥐는 일부일처 형으로 유명하다. 이렇게 저마다 번식 시스템이 다른 이유는 각자의 환경에서 가장 효율적으로 살아남아 번식하는 데 유리한 방식을 택하기 때문이다.

진화론에 입각한 적자생존 가설은 초기에 많은 비판을 받기도 했지만, 생명체의 사랑이 생존과 뗄 수 없는 관계라는 점을 잘 설명해 준다. 다시 말해 인간은 사랑으로 태어나고 자신을 닮은 사랑을 남긴다. 이런 의미에서 사랑을 느낀다는 것은 건강하게 살아 있으며, 또 하나의 건강한 개체를 남기고 싶은 생명의 표현이다.

청소년기의 사랑은 미래를 만드는 힘

마음에 드는 이성을 만나고 그 감정이 깊어지면 마치 자석의 N극과 S극처럼 같이 있고 싶어지는 이유는 그것이 생명의 법칙이기 때문이다. 누군가 프로그램을 짜 놓은 것같이 손끝만 스쳐도 짜릿하며, 안거나 입을 맞추고 싶은 마음이 생긴다. 하나가 되고 싶은 충동은 매우 자연스럽고 본능적이며 건강하다는 증거이다.

그러나 인간은 반드시 2세를 만들기 위해 사랑하지 않는다. 더구나 청소년기의 사랑은 종의 번식과 거리가 멀다. 만일 종족 번식을 위해 사랑이 존재한다면 인간에게도 번식기가 따로 있었을 것이다. 인간의 사랑은 번식과 다른 문화를 함유한다. 리처드 도킨스는 인간이 유일하게 유전자의 이기성에 저항하는 존재이며, 그것을 문화적 유전자를 뜻하는 '밈meme'으로 설명한다. 문화적 유전자는 마치 실제 유전자처럼 언어와 행동 규범 등을 실체화하여 복제하고 널리 퍼뜨리는 능력을 말한다. 그래서 허용되는 사랑이 있고 그렇지 않은 사랑이 있는 것이다.

사회적인 통념과 물리적인 거리로 함께하지 못할 때, 사랑은 전혀 새로운 예술과 미래를 만드는 창조의 샘이 되기도 한다. 러브 레터를 쓰기도 하고, 음악을 만들기도 하고, 사랑하는 사람이 원하는 것을 끝내 이루려고 한다. 이몽룡은 성춘향을 지키기 위해 암행어사가 되었다. 청소년기의 사랑은 미래를 만드는 힘인지도 모른다. 아직 사랑이 찾아오지 않았다면 오늘에 최선을 다하자. 그것이 미래의 연인에 대한 사랑이다.

사랑은 호르몬이 한다?

괴테의 소설 《젊은 베르테르의 슬픔》의 주인공 베르테르를 보면, 사랑의 감정이 어떻게 몸을 휩쓸고 지나가는지 잘 묘사하고 있다. 베르테르는 마음을 치유하기 위해 들어간 산간 마을의 무도회에서 멋진 춤 솜씨를 가진 쾌활한 여인 로테를 만난다. 그 순간 베르테르의 몸속에서는 호르몬 농도가 달라지기 시작한다. 가장 먼저 사랑을 느끼면 활발하게 분비되는 페닐에틸아민의 체내 농도가 상승한다. 밸런타인데이 때 선물하는 초콜릿에는 페닐에틸아민이 많이 들어 있다. 한창 사랑에 빠져 있을 때는 밥을 먹지 않아도 배가 고프지 않은데, 이 역시 페닐에틸아민의 역할이다. 짝사랑을 하는 사람의 얼굴이 반쪽이 되는 것도 이 호르몬의 영향이 작용한다.

사랑에 반응하는 몸

사랑은 사소한 것도 소중하게 만드는 힘이 있다. 소설 속에서 베르테르는 로테가 자신에게 선물한 책과 리본에 의미를 부여하고 애정을 쏟는다. 이럴 때 도파민 수치가 올라간다. 도파민의 가장 많이 알려진 기능은 동기, 보상, 쾌감이나 즐거움과 관련된 흥분 신호를 전달해 인간이 행복감을 느끼도록 하는 것이다. 그래서 사랑을 중독으로 보는 시선도 있다. 금방 사랑에 빠지는 '금사빠'와 은은히 사랑에 빠지는 '은사빠'가 있는 것은 도파민에 대한 몸의 감수성이 저마다 다르기 때문일 가능성이 높다.

사랑에 대한 몸의 반응은 여기서 끝나지 않는다. '아아, 이렇게 벅차고, 이다지도 뜨겁게 마음속으로 달아오르는 감정을 재현할 수 있을까?'라며 로테에 대한 그리움을 주체하지 못할 때 베르테르의 몸속에는 도파민과 함께 노르에피네프린이라는 신경 전달 물질의 농도가 함께 증가한다. 노르에피네프린의 분비는 사랑의 장소, 대화의 내용, 상대의 표정과 그때의 감정을 속속들이 기억하게 만든다. 이 신경 전달 물질을 통한 교감 신경계의 자극이 혈류량의 증가로 뇌의 회전 속도를 가속화하기 때문이다. 또한 이 호르몬은

평소의 자신과 달리 기쁜 감정과 함께 긍정적이며 사교적인 태도를 유도한다. 재채기처럼 사랑을 숨길 수 없는 이유도 이러한 호르몬의 작용에 저항할 수 없는 탓이다.

몸은 과하지도 부족하지도 않은 안정 상태를 추구

주인공 베르테르는 사랑에 빠져 있는 사이 행복과 불행의 양극단에 자신이 존재하고 있다는 느낌에 사로잡힌다. 사랑을 전달하는 신경 전달 물질인 세로토닌은 사랑으로 행복한 감정을 느끼게 하지만, 그것이 부족해지면 심각한 우울증을 떠안긴다. 우리의 몸은 늘 과하지도 않고 부족하지도 않은 안정 상태(항상성)를 추구한다. 그래서 몸은 세로토닌이 지나치게 너무 오래 분비되는 것을 억제한다. 사랑 호르몬과 신경 전달 물질들에도 유통 기한이 있다.

그러면 오래 사랑의 감정을 유지하는 커플이나 부부의 경우는 어떻게 설

명할 수 있을까? 세로토닌이 아닌 옥시토신으로 사랑의 호르몬이 바뀐 때문이다. 사랑을 하더라도 과하고 열정적이지 않는 유대감이나 스킨십을 통한 애착의 형성에는 옥시토신이라는 호르몬이 작용한다. 이 호르몬은 불같은 사랑의 감정보다 따뜻하고 포근하고 심리적으로 안정적인 단계를 유도한다.

/ 더 알아보기 /

이성을 유혹하는 페로몬 성분의 향수

페로몬은 그리스어로 Pheran(운반)과 Horman(흥분)을 합성한 단어이다. 페로몬은 동물의 몸 안에서 만들어져 몸 밖으로 방출하는 화학 물질로, 개체 사이 정보 전달에 사용한다고 알려져 있다. 벌이나 나방과 같은 곤충의 짝짓기 기간에 이성을 유인하는 생체 물질의 총칭으로 알려졌지만, 적의 침입을 알리거나 음식물의 위치를 알리는 데에도 사용하는 생명체의 의사소통 수단이다. 식물도 마찬가지로 이러한 화학 물질을 내뿜어 신호를 전달한다고 알려져 있다. 최근에는 페로몬이 들어가 있는 향수 광고를 종종 볼 수 있다. 페로몬이 함유된 향수를 사용하면 이성에게 어필할 수 있을까? 인간의 페로몬이라고 알려진 안드로스타디에논이나 에스트라테트라에놀과 같은 스테로이드성 화합물들은 몸 안에서는 자율 신경계와 관련한 자극을 하지만 후각 신경에서 느껴지는 향만으로는 그 효과가 없거나 미미하다는 연구도 나오고 있다. 인간 페로몬의 존재와 그 역할에 관한 논란에 종지부를 찍을 수 있도록 더 많은 연구가 필요한 실정이다.

사랑은 그렇게 단순하지 않다

사랑이 고작 호르몬 농도에 좌우되다니 조금 불편한 이야기이다. 호르몬은 사랑을 화학적으로 바라보게 만들지만 실제 사랑은 그렇게 단순하지 않다. 호르몬들의 분비가 사랑의 원인인지 결과물인지, 의미 없는 부산물인지에 대한 연구는 아직도 진행 중이다. 사랑을 하는 동안 각각의 호르몬 사이에서도 많은 작용이 일어나고, 감정과 이성을 조절하는 뇌와 다른 기관에서도 훨씬 복잡한 구조적, 물리적 변화가 일어난다.

사랑에 반응하는 몸은 비가 오고 햇빛이 비추면 식물들이 자라고 다른 생명체들과 상호 작용하는 숲과 같다. 행복이 세로토닌과 같은 하나의 화학 물질에 달려 있지 않듯이, 사랑도 몇 가지 호르몬과 신경 전달 물질에 좌우되지 않는다. 베르테르와 같은 너무 깊은 사랑이나 너무 아픈 이별에 빠지지 말자. 만일 지금 그렇다면 명상이나 요가 등을 통해 신경 전달 물질의 홍수에서 잠깐 벗어나 몸과 마음을 초기화하는 사랑의 호르몬 단식을 추천한다.

| 이야기해 보기 |

나는 금방 사랑에 빠지는 사람일까? 사랑하는 사람의 말을 경청하고, 그 사람의 장점뿐 아니라 단점도 이해하고 있을까? 이에 관해 이야기해 보자.

사랑의 진화

누구에게나 자신의 사랑은 귀하고 열정적이며 아름답다. 안타깝지만 이런 사랑도 끝이 찾아온다. 중학교를 졸업하면 입었던 교복을 벗어야 하듯 좋아했던 사람이 떠나면 사랑의 감정도 벗어 던져야 한다. 이별은 내 사랑의 깊이만큼 괴롭고 힘들다. 더구나 상대방이 변심하거나 배신했다면 그 충격은 커다란 절망감과 극도의 슬픔을 안긴다.

이별에도 몸은 반응한다

사랑에 몸이 반응하는 것처럼 이별에도 몸이 반응한다. 무기력, 식욕 부진, 우울감 등이 한꺼번에 찾아온다. 이런 반응은 이별의 고통이 뇌와 깊은 관계가 있음을 의미한다. 인간이 느끼는 슬픔이라는 감정은 기본적으로 전두엽의 피질과 변연계 사이에 있는 신경들의 활성도가 떨어진 상태를 말한다. 특히 우울한 기분이 지속되면, 기억과 감정을 담당하는 해마의 신경 세포가 줄어들고 크기도 작아진다. 이별로 이들 부위의 기능이 떨어지면 우울한 감정에 더 깊이 빠지고, 모든 기억이 슬픔으로 바뀐다.

선조체(기저핵 부분으로 과거 경험에 대한 정보 저장)와 뇌섬엽(섬엽은 대뇌겉질

부분으로 신체 감각을 통합해서 뇌의 다른 영역으로 정보를 전달) 역시 이별의 슬픔에 한몫한다. 선조체는 충동적 행동이나 대처 기술 저하와 같은 나쁜 습관을 통제하는데, 이별로 이 기능이 떨어진다. 헤어진 후에는 아주 작고 사소한 것에도 몸이 극도로 민감하게 반응할 때가 많은데, 이것은 섬엽의 관여 탓이다. 물론 뇌의 각 영역이 복잡하게 연결되고 서로 영향을 주기 때문에 단지 몇 부위가 이별의 고통과 슬픔을 담당한다고 볼 수는 없다. 하지만 한쪽 회로가 문제가 생기면 전체 신경 회로 사이에 상호 작용이 원활하지 못하게 됨은 분명하다.

한편으로 생각하면 이별의 고통에 크게 영향을 미치는 부분이 뇌라서 참 다행이기도 하다. 뇌는 시간이 흐르면 주어진 환경에 다시 적응하고 변하기 때문이다.

우정은 사랑의 또 다른 형태

운동하면서 나오는 도파민은 뇌 속에 남아 있는 이별의 고통을 지우는 지우개라 할 수 있다. 특히 친구들과 함께하는 운동은 이별 후의 무기력감에서 탈출하는 데 크게 도움을 준다. 친구들과의 상호 작용 자체가 슬픈 감정을 덜어 준다. 사랑을 잃으면 친구가 가장 먼저 생각나는 이유도 여기에 있다.

친구는 사랑의 또 다른 형태이다. 설레거나 가슴이 떨리지는 않지만 함께 있으면 평안하고 든든한 존재가 바로 친구이다. 친구는 애정이 투영되는 대상이라는 점에서 사랑과 근본적으로 다르지 않다. 그 사랑을 우리는 우정이라 부른다. 사랑이 눈을 빼앗는 꽃이라면 우정은 마음을 이끄는 나무이거나 숲이다. 그래서 언제든 다가가 기대고 무엇이든 털어 놓고 말

할 수 있다. 친구는 헤어짐을 걱정하지 않아도 된다. 우정은 영원을 약속하지 않아도 오래오래 지속된다. 우정이 삶의 위로인 이유도 여기에 있다.

청소년의 사랑은 이중으로 축복이다. 사랑에 빠질 축복과 우정을 얻을 기회를 동시에 가졌으니 말이다. 아직 사랑이 찾아오지 않았거나 사랑이 아프면 우정에 집중하자. 우정은 배신하지 않는다.

/ 이야기해 보기 /

이성 친구와 이별해 본 경험이 있다면, 이별 후에 어떤 것이 위로가 되었는지 이야기해 보자. 만약 이런 경험이 없다면, 이별했을 때 어떤 마음이 들 것 같은지 생각해 보자.

① 내 주변의 소중한 사람들을 떠올려 보고, 왜 그런 생각을 했는지 써 보자.

소중한 사람   이유

• (   ) _____

          _____

• (   ) _____

          _____

• (   ) _____

          _____

② 청소년기는 심리적·생리적인 변화를 겪는 시기로, 사랑의 의미와 가치를 배우며 준비해야 하는 시기이기도 하다. 내가 생각하는 '성숙한 사랑'에 대해 고민해 보자.

1) 성숙한 사랑이란 무엇이라고 생각하는지 자신의 언어로 표현해 보자.

_____

_____

_____

2) 성숙한 사랑을 위해 준비해야 할 것들에 대해 생각해 보자.

• 예 친밀감, 책임감, 헌신, 열정 등 많은 감정을 균형 있게 발전시킨다.

• _____

• _____

• _____

③ 심리학자 존 리의 사랑 유형 테스트를 해 보고, 나와 친구의 사랑 유형을 알아보자. 그리고 사랑을 할 때 상대방에게 배려해야 할 부분들을 생각해 보자.

구분	항목	점수
A	내가 좋아하는 이상형이 있다.	
	나의 이성 친구(애인)를 한눈에 알아볼 수 있다.	
	이따금 나의 이상형인 듯한 사람을 보면 현기증이 난다.	
	사랑은 큐피트 화살에 맞은 것처럼 한순간에 오는 것이다.	
	마음에 든다면 한 번 만나고도 결혼할 수 있다.	
B	사랑은 즐거운 게임과 같다.	
	처음 만나서도 키스를 하고 성행위를 할 수 있다고 생각한다.	
	남자나 여자나 바람을 피워도 괜찮다.	
	나는 하룻밤 즐기기(one night) 같은 즉흥적인 사랑을 좋아한다.	
	사랑은 육체적 관계가 함께해야 된다고 생각한다.	
C	첫눈에 반해서는 사랑을 제대로 알 수 없다.	
	사랑은 오랜 시간을 함께 지내 봐야 알 수 있다.	
	애인이나 배우자는 친구같이 편안한 느낌을 주어야만 한다.	
	사랑이라고 반드시 가슴 뛰는 열정이 필요한 것은 아니다.	
	사랑에는 열정보다 오랜 시간 함께한 정이 더 중요하다.	
D	사랑하는 사람의 모든 것을 알아야 한다.	
	사랑은 모름지기 열정적이어야 한다.	
	사랑하는 사이라면 상대방을 소유하기 위해 질투를 해도 괜찮다.	
	사랑하는 사람을 위해서라면 목숨까지도 바칠 수 있다.	
	사랑하는 사람들은 끊임없이 사랑을 확인해야 한다.	
E	애인이나 배우자를 선택할 때 상대방의 능력을 고려한다.	
	사랑하는 것과 결혼하는 것은 다를 수도 있다고 생각한다.	
	애인이나 배우자를 선택할 때 상대방의 집안을 따지는 편이다.	
	부모나 친구들이 반대하는 결혼은 안 하는 게 좋다고 생각한다.	
	나는 연애 결혼보다 중매 결혼이 더 바람직하다고 생각한다.	
F	사랑하는 사람이 나보다 더 좋은 사람에게 간다면 말없이 보내 줘야 한다.	
	사랑은 무조건적으로 베푸는 것이라고 생각한다.	
	연인들의 사랑은 때로 헌신적일 때도 있다.	
	사랑은 성스러운 것이므로 반드시 성관계를 전제로 할 필요는 없다.	
	사랑은 모름지기 상대방을 위한 희생 정신이 있어야 한다.	

※ 매우 그렇다(6점) / 그렇다(4점) / 아니다(2점) / 전혀 아니다(0점)

타인과 관계 잘 맺는 법

❶ 내 몸처럼 다른 사람들의 몸도 소중함을
   인정한다.

❷ 친밀감과 감정을 표현하는 방법이 다름을
   인정한다.

❸ 대중매체에 나오는 편향적인 성 역할과
   가치관에 대해 비판적으로 바라보며,
   균형 잡힌 시각으로 수용한다.

07

공부하는 몸

/ 공부를 잘하기 위해 필요한 재능이 있을까?

/ 공부와 운동은 왜 뗄 수 없는 관계일까?

/ 공부하는 궁극적인 목적은 무엇일까?

나는 왜 공부하는가

학교는 일차적으로 교과목을 배우는 곳이어서 공부를 잘하는 학생이 칭찬받는다. 그리고 공부의 결과는 석차를 만든다. 석차는 냉정하고 가혹하다. 하지만 공부를 잘하지 못한다고 해서 기죽을 필요는 없다. 춤을 잘 추는 춤꾼이 따로 있듯 공부도 특별한 재능에 불과하다. 학교의 공부는 지식과 정보를 암기하고 이해해서 문제를 풀어내는 두뇌의 기능이 공부의 중요한 자질이어서 머리 좋은 학생이 유리할 뿐이다.

그런데 머리만으로 공부를 잘하는 것은 아니다. 일반적으로 공부를 잘하는 학생의 공통적인 특징은 몰입과 집중이 뛰어나다는 것이다. 만일 몰입이 공부의 중요한 요소라면, 게임과 춤, 기타 혹은 축구에 빠져 있는 것도 일종의 공부라고 할 수 있다. 다만 그것이 공부가 되기 위해서는 배우고 익히는 체계적인 학습의 과정이 필요하다. 이를 다른 말로 노력과 끈기라고 한다.

노력과 끈기와 더불어 공부를 잘하기 위해서는 몸이 갖춰져야 한다. 체력이 없으면 장시간의 집중과 몰입이 방해받거나 충분히 몰입할 수 없다. 그래서 공부와 운동은 밀접한 연관을 갖는다. 인간의 뇌는 움직임과 뗄 수 없는 관계이다. 손을 뻗거나 걸음을 옮기는 행위뿐 아니라 근육의 수축과 이

완이 만드는 모든 감각 신호는 뇌로 전달되어 느낌을 만들고 정보로 저장된다. 그래서 의도적으로 몸을 움직이는 운동은 뇌를 움직이는 것과 마찬가지이다. 만일 운동할 시간이 없다면 산책이나 맨손 체조, 작게는 기지개라도 좋으니 몸을 수시로 움직여 보자.

자, 이제 다시 기지개를 켜고 공부에 몰입해 보자. 그런데 간혹 이런 질문은 하면서 공부하자. 나는 왜 공부를 하지? 거기에 대해 우리 선조들은 쓸데없는 잡생각에서 벗어난 마음과 한결같은 행동에서 찾는다. 결국 공부는 보다 나은 자신을 위한 실천이 되어야 하는 것이다.

공부 잘하는 학생이 되고 싶다면 이 장을 찬찬히 읽어 보자. 어쩌면 멋진 대학생이 될 방법이 숨어 있을지도 모른다.

공부란 무엇인가

학교에는 세 가지 유형의 학생이 있다. 공부 잘하는 학생과 못하는 학생, 그리고 보통인 학생. 사실 상위권을 제외한 나머지 친구들은 서로의 점수와 석차에 별로 관심 없다. 그래서 학교에는 공부를 잘하는 소수와 그렇지 않은 대다수의 평범한 학생으로 나뉜다고 해도 틀리지 않는다. 물론 누구나 공부를 잘하고 싶어 한다. 그러나 공부는 마음먹는다고 잘하는 것이 아니다. 아무나 비보잉을 출 수 없는 것처럼 말이다. 공부에도 특별한 재능이 필요하다. 어떤 재능일까?

공부 잘하는 재능은 따로 있다

학교 공부는 대부분 지식 위주이다. 새로운 지식과 정보를 암기하고 이해해서 문제를 풀어내는 두뇌의 기능이 공부의 중요한 자질이 된다. 공부 잘하는 친구는 이 기능이 월등히 발달해 있다. 그래서 머리가 뛰어나지 못한 친구는 아무리 열심히 공부해도 최상위권이 되기 힘들다. 그렇다고 머리 좋은 친구가 언제나 공부를 잘하는 것은 아니다. 우리 주변에는 머리는 좋은데 성적이 신통치 않은 친구가 차고 넘친다.

언제까지
게임만 랄 거야??!!

　공부는 좋은 머리와 함께 또 다른 능력이 필요하다. 그게 바로 집중과 몰입이다. 흔히 끈기와 노력이라고 말한다. 공부를 잘하는 친구의 집중력과 몰입도는 보통 사람과 확실히 다르다. 한 번 책상 앞에 앉으면 서너 시간은 꼼짝도 하지 않는다.

　집중과 몰입이 시간 가는 줄 모르고 뭔가에 빠져 있는 상태를 의미한다면 컴퓨터 게임도 공부와 다르지 않다. 우리 주변에는 공부 이외에 자신이 좋아하는 일에 몰두하는 친구가 많다. 만화 그리기, 춤추기, 피아노 치기, 운동하기 등등. 좋아하는 일에 몰두하는 그들의 능력은 공부 잘하는 친구의 집중력에 걸코 뒤지지 않는다. 그런데도 어른들은 컴퓨터 게임이나 만화 그리기에 빠져 있으면 싫어한다.

반복의 지겨움을 이기는 몸의 힘

도대체 공부와 컴퓨터 게임은 무엇이 다를까? 그 둘 사이에는 메울 수 없는 근본적인 차이가 있다. 체계적인 몰입과 집중의 유무가 그것이다. 체계적인 집중이란 단계를 밟아 하나하나 차근차근 몰입의 강도를 높여 나가는 학습의 과정을 말한다.

예를 들어 보자. 어느 친구가 기타를 너무 좋아해서 틈만 나면 연습하고 즐기는데, 몇 개월이 지나도 실력이 늘지 않는다면? 그리고 축구 선수를 꿈꾸는 친구가 매일 동네 친구와 어울려 축구에 빠져 있다면? 안타깝게도 그들에게는 배우고 익히는 학습의 과정이 빠져 있다. 축구 선수가 되려면 드리블, 트래핑, 킥, 패스 등의 동작을 지도자로부터 배우고, 몸에 익을 때까지 반복해서 연습해야 한다. 연습하지 않고 축구 기술을 자신의 것으로 만드는 방법은 없다. 그래서 연습은 몸 밖의 것을 몸 안으로 끌어들여 몸으로 만드는 과정이라고 할 수 있다. 공부를 잘하는 친구도 남들이 보지 않는 곳에서 수백 번 외우고 반복한다. 공부도 운동도 모두 수백 번 반복하는 그 지겨움을 이기는 몸의 힘에서 나온다.

그런데 공부는 자신의 몸뿐만 아니라 타자의 몸도 필요로 한다. 모든 학습에는 자신의 재능을 객관적으로 진단하고 기초부터 하나하나 가르쳐 줄 스승이 있어야 한다. 그 존재로 인해 체계적인 몰입과 집중이 가능해진다. 여기서 스승은 반드시 학교 선생님을 가리키지 않는다. 동네 형일 수 있고, 아버지일 수 있고, 학원 강사일 수도 있다. 숨은 재능을 끄집어내 집중할 수 있도록 격려하고 보살피는 존재는 누구나 스승이 된다.

지상 최강의 천재 존 폰 노이만

너무 머리가 좋아 악마의 두뇌를 가진 남자라고 불린 사람이 있었다. 인류 최고의 천재 존 폰 노이만이 그이다. 존 폰 노이만은 헝가리 출신의 유태계 미국 수학자로 양자 물리학, 함수 해석학, 집합 이론, 컴퓨터 과학, 경제학, 심리학 등 많은 분야에서 엄청난 재능을 발휘한 종합형 천재이다. 6세 때 전화번호부를 사용해 여덟 자리 수의 나눗셈을 암산으로 계산했고, 8세 때 '미적분'을, 12세 무렵에 '함수론'을 혼자 깨우쳤다. 영어, 프랑스어, 독일어, 이탈리아어 등 7개 국어를 모국어 수준으로 말한 것은 덤이다.

그의 추정 IQ는 250~300으로 한 번 본 것을 잊지 않았으며, 계산은 컴퓨터보다 빨랐다. 한 수학자가 3개월 동안 끙끙거리던 문제를 노이만은 암산으로 그 자리에서 풀어 버렸다. 실제 노이만은 자신이 발명한 컴퓨터와 계산 속도를 경쟁해서 이기기도 했다. 그는 미국의 원자탄 계획에도 참여해 원자탄에 필수적인 '고폭발성 렌즈'를 개발했다. 그리고 경제학의 한 분야인 게임 이론에 선구자적인 업적을 남겼다. CPU, 메모리, 프로그램으로 구성된 컴퓨터 구조를 최초로 확립한 사람도 노이만이다.

그러나 노이만은 자신이 관심 없는 영역에는 능력을 전혀 발휘하지 못했다. 그는 수십 년 동안 살았던 집의 주방에서 접시가 어디에 있는지 실제로 전혀 기억하지 못했다고 한다. 무언가에 심취해 있는 사람이 아름다운 이유도 이런 집중력 때문인지 모른다.

공부는 몸속에 잠자는 재능을 깨우는 것

만일 타고난 재능과 좋은 스승, 그리고 집중할 수 있는 능력의 결합이 공부라면, 이제부터 공부는 교과목을 학습하고 시험을 쳐서 우열을 가르는 경쟁에서 벗어나야 한다. 공부를 잘한다는 것은 달리기를 잘하고, 그림을 잘 그리고, 춤을 잘 추는 능력처럼 개인의 재능이 다르게 표출된 것에 지나지 않는다. 우리가 손흥민에게 미적분을 묻지 않는 이유도 여기에 있다.

이제 누가 공부를 잘하는지 묻지 말자. 대신 내가 집중할 수 있는 대상이 무엇인지 먼저 찾아보자. 그것이 만화 그리기라도 좋고 컴퓨터 게임이어도 상관없다. 의외의 대상에서 의외의 재능을 발견할지도 모른다. 올림픽 역사상 가장 많은 메달을 딴 미국의 수영 선수 마이클 펠프스는 어릴 때부터 주의력 결핍 과잉 행동 장애(ADHD)를 앓았다. 수영을 시작하게 된 계기도 그것을 치료하기 위해서였다. 그런데 펠프스는 물을 무서워했다. 코치는 그에게 물 위에 누워서 헤엄치는 배영을 오랜 시간에 걸쳐 가르치면서 물에 대한 공포를 잊게 해 주었다. 물이 무섭지 않게 되자 펠프스는 뛰어난 신체 조건으로 금방 자신의 능력을 드러내기 시작했다. 처음 출전한 2004년 아테네 올림픽에서 펠프스는 무려 여섯 개의 금메달을 획득했다.

우리는 아직 자신의 재능이 무엇인지 잘 알지 못한다. 그래서 소크라테스는 '너 자신을 알라'고 말했는지 모른다. 공부는 우리 몸속에 잠자고 있는 펠프스를 깨우는 일이다. 그게 소크라테스가 말하는 공부의 본질이다.

/ 이야기해 보기 /

가장 오래 집중해 본 일이 무엇인지 생각해 보고, 그렇게 집중할 수 있었던 이유를 친구와 이야기해 보자.

운동을 사랑하는 뇌

수재는 두뇌가 명석하여 공부에 출중한 능력을 지닌 사람을 가리킨다. 생물학적으로 두뇌는 중추 신경계를 이루는 두개골 안의 주름진 기관을 말한다. 인간의 뇌는 공부를 위해 존재하지 않지만, 뇌의 활동이 없으면 공부는 불가능하다. 다시 말해 뇌의 활동이 왕성해야 공부를 잘한다.

운동은 뇌를 자극하는 가장 좋은 방법

뇌의 활동이 공부와 뗄 수 없는 관계라면 공부를 잘하기 위해서는 우선 뇌를 활성화해야 한다. 외부의 자극이 주어지면 인간의 뇌는 죽을 때까지 발달한다. 이런 까닭에 머리가 좋아지기 위해서는 대뇌피질을 자극해야 한다. 대뇌피질의 두께가 두꺼워지면 시냅스가 많아져서 외부에서 들어오는 정보를 더 많이 처리한다. 들어오는 정보가 많으면 많을수록 더욱 복잡한 고용량의 네트워크가 만들어져 지능이 높아지고 두뇌 영역이 활성화된다.

뇌를 자극해 더 많은 시냅스가 움직이도록 돕는 방법 가운데 가장 으뜸이 운동이다. 이는 스포츠를 전공하는 사람의 입이 아닌 뇌 실험에 종사하는 과학자들이 이구동성으로 하는 말이다. 여기서 운동은 달리기와 축구 등 유산소 운동부터 걷기까지 모든 신체 움직임을 포괄한다. 사실 인간의 뇌는 움직임과 뗄 수 없는 관계이다. 손을 뻗거나 걸음을 옮기는 단순한 동작에서부터 운동으로 근육의 수축과 이완이 일어날 때 발생하는 모든 감각 신호는 뇌로 전달되어 느낌을 만들고 정보로 저장된다. 그래서 의도적으로 몸을 쓴다는 것은 뇌를 움직이는 것과 마찬가지이다. 당장 오른손잡이가 왼손으로 젓가락질을 시도하기만 해도 뇌는 활발하게 움직이기 시작한다.

학습에 관여하는 해마는 운동에 직접적으로 반응

인류는 오래전부터 신체의 움직임이 뇌의 활동을 활발하게 한다는 사실을 알고 있었다. 우리 선조들은 글공부를 할 때 눈에만 의존하지 않고 소리 내어 읽으면서 시각 정보와 청각 정보를 동시에 자극하는 공부법을 사용했다. 영어 단어를 암기할 때에도 눈으로만 보는 것보다 소리 내어 읽고 손으로 쓰면 훨씬 잘 외워진다.

두뇌에서 학습에 가장 많이 관여하는 영역은 해마이다. 기억력이 좋은 친구는 그렇지 않은 친구에 비해 해마의 크기가 클 가능성이 높다. 이러한 해마는 운동에 직접적으로 반응한다. 달리기를 꾸준히 한 쥐의 해마가 그렇지 않은 쥐보다 더 크게 성장했다는 실험 결과는 아주 많이 보고되어 있다. 운동을 하면 뇌에 공급되는 혈액의 양이 많아지고, 혈액으로 운반되는 산소량이 많아지면 뇌세포에 영양 공급이 원활하게 이루어진다.

뇌는 언제나 자극을 기다린다

운동할 시간이 없거나 귀찮은 사람은 뇌가 자극을 받을 작은 움직임만 해도 좋다. 산책이나 맨손 체조, 하다못해 의도적인 기지개라도 좋으니 몸을 수시로 움직여야 한다. 호흡과 명상도 뇌를 자극하는 좋은 방법이다. 클래식 음악과 미술 감상은 뇌를 활성화하는 고급 취미이다.

뇌는 언제나 자극받기를 원한다. 《운동화 신은 뇌》의 저자인 존 레이티

/ 이야기해 보기 /
운동을 하면 공부에 훨씬 많은 도움을 준다고 하는데, 실제 그런 경험이 있는지 친구와 이야기해 보자.

교수는 "머리가 나쁘면 몸이 고생한다는 옛말이고, 이제는 몸을 쓰지 않으면 머리가 고생한다."고 했다. 공부 잘하는 뇌를 위해 운동화 한 켤레는 반드시 마련해 두자.

/ 더 알아보기 /

뇌가소성

100여 년의 뇌과학 역사 중 가장 놀라운 연구 성과의 하나는 '뇌가소성 neuro-plasticity'의 발견이다. 이 발견이 있기 전까지 인간의 뇌세포는 점차 소멸되는 것이라고 믿었다. 뇌가소성은 이런 통념을 깨트렸다. 2000년 런던 대학교의 엘리너 매과이어 교수는 매우 복잡한 런던 시내 도로를 운전하는 택시 기사의 뇌를 조사한 결과, 베테랑 운전사일수록 해마가 크다는 사실을 발견했다. 인간의 두뇌는 나이가 들어도 신경 세포와 뉴런의 활동을 통해 환경에 적응해 가는 놀라운 능력이 있는데, 이를 뇌가소성이라고 한다.

뇌의 가소성은 학습과 밀접한 연관이 있다. 학습이란 새로운 신경 세포가 형성되어 가는 과정이다. 바둑을 잘 두는 사람의 두뇌는 그것에 적합한 뇌의 신경 세포를 가진다는 뜻이다. 두뇌가 뛰어난 것은 자신이 할 수 있는 분야의 신경 세포가 특화된 것이라 할 수 있다. 그래서 우리는 이제 "어떻게 하면 두뇌를 발달시킬 수 있을까"를 묻지 말고 "내가 잘할 수 있는 것이 무엇인가?"를 물어야 한다. 내가 잘할 수 있는 일은 시간 가는 줄 모르고 거기에 집중하고 몰입할 수 있는 대상이다. 어떤 일을 하든 내 눈이 반짝반짝 빛나는 순간, 그때 내 두뇌는 천재에 가까워진다. 그게 뇌의 가소성이다.

공부는 쿵푸다

공부는 마음을 먹어야 가능한 행위이다. 마음은 잠자기 전 알람을 맞추는 의지에서 비롯한다. 공부도 마찬가지이다. 스스로 책을 펼치는 것과 한 바탕 잔소리 뒤에 짜증을 내며 책상 앞에 앉는 것은 공부에 대한 마음의 차이를 그대로 드러낸다. 이런 까닭에 공부는 자신을 다스리는 의지적인 행위라고 할 수 있다.

공부는 자신을 다스려 더 나은 자신에게 가는 과정

지금은 공부가 중간고사, 기말고사 그리고 수능과 너무 친숙해져 버렸으나 원래 공부의 뜻은 자신을 다스려 보다 나은 자신에게 다가가는 과정을 말한다. 공부의 한자인 '工夫'는 장인 공工에 지아비 부夫를 합친 말이다. 무언가를 열심히 만드는 사람의 이미지를 가지는데, 사실 공부功扶에서 그 뜻과 형태가 축약된 것이다. 즉, 성취하여(功) 돕는다(扶)는 의미를 지닌다. 대장장이가 호미와 낫을 만드는 것도 일종의 공부인 셈이다.

일본에서 '공부工夫(쿠후)'는 이리저리 궁리하여 알맞은 방법과 수단을 찾는다는 뜻으로 사용한다. 그래서 상인에게 물건 값을 깎을 때에도 "공부 좀

해 주세요."라고 말한다. 중국에서는 특정 분야에서 탁월한 기술이나 능력을 발휘할 때 "공부가 대단하다."고 칭찬한다. 공부는 자신이 속한 분야에서 최고의 경지에 올라 능수능란하게 자신의 탁월성을 발휘할 때를 가리킨다. 흥미로운 점은 중국에서 공부는 '쿵푸'로 발음된다는 것이다. 쿵푸는 우리가 알고 있는 바로 그 무술을 말한다.

배움은 몸과 마음을 바르게 하는 것에서 시작

발음과 글자뿐 아니라 무술로서의 쿵푸는 공부의 본질을 잘 드러낸다. 거기에는 공부가 궁극적으로 지향해야 하는 몸과 마음의 다스림이 함축되어 있다. 우선 쿵푸를 하기 위해서는 마음을 가라앉혀야 한다. 쿵푸를 포함한 동양의 무술은 먼저 동작을 멈추고, 천천히 몸을 움직여 기운을 아래로 내리면서 시작한다. 이런 과정은 마음을 가라앉히기 위해서인데, 그것은 다시 몸의 느린 움직임에 의해 이루어진다. 몸을 천천히 움직이면 마음도 함께 가라앉는다. 마음이 가라앉으면 쓸데없는 잡생각에서 벗어나 생각이 한결같아지며 행동도 올바르게 된다. 이를 유학에서는 '경敬'이라 한다.

경은 어떤 일에 전념하여 몸과 마음이 통일되거나 집중되어 있는 상태를 가리킨다. 《논어》에는 "경으로 자신을 닦는다."라는 가르침이 있으며, 《주역》에는 "경으로써 안(마음)을 바르게 한다."는 말이 있다. 즉, 경은 몸과 마음을 갈고 닦는 수단이면서 공부하는 사람이 궁극적으로 도달해야 할 경지를 말한다. 우리나라에서는 예부터 공부를 수양修養이라고 보았다. 수양이란 머리로 무언가를 깨우치는 것뿐 아니라 몸과 마음을 동시에 경계하고 단속하여 보다 나은 존재로 지향해 나가는 배움의 과정에 다름 아니다.

너무 거창해 보이지만 수양으로서의 공부가 의미하는 바는 복잡하지 않다. 일반적으로 우리는 공부를 머리로 하는 것으로 생각하기 쉽다. 그러나 유학의 가르침은 머리 공부뿐 아니라 마음공부와 몸 공부가 그에 못지않게 중요하다는 점을 강조한다. 다시 말해 배움의 기본은 몸과 마음을 바르게 하는 것에서 시작된다는 것이다.

자신만을 위한 공부가 아닌 타자를 향한 실천

책상 앞에 앉아 있기도 힘든데 몸과 마음까지 신경을 써야 했던 선비의 공부는 오늘날 우리에게는 맞지 않는 가혹한 주문일지도 모른다. 그러나 선현들은 우리에게 단순히 지식을 암기하고 시험에서 좋은 성적을 거두는 일이 공부의 전부일까를 되묻고 있다. 만일 공부가 그런 능력을 측정하는 일이라면, 공부는 머리 좋은 친구들이 스스로를 입증하는 절차에 지나지 않는다.

선현의 가르침은 배움에 임하는 우리에게 보다 나은 자신을 만들기 위해 노력하라고 주문한다. 그래서 학문을 시작하기 전에 먼저 뜻을 세워야 한다고 말한다. 뜻을 세운다는 의미인 입지立志는 공부가 자신의 사사로운 이익을 위해서가 아니라 보다 많은 사람에게 도움이 되도록 큰 뜻을 가지라는 의미이다.

결국 공부는 보다 나은 자신을 위한 실천이 되어야 한다. 그러나 그 실천은 온전히 자신만을 위한 것이 아니라 자신의 밖에 있는 타자에게 향해야 한다. 이것이 무언가를 이루어(功) 돕는다(扶)는 공부의 참뜻이다. 의사가 되기 위해 열심히 공부하는 이유는 아픈 사람을 보살피고 돕겠다는 뜻과 실천이 있어야 한다.

어른들은 늘 "공부해서 남 주냐?"라고 잔소리하지만 공부해서 남 주는 것이 원래 공부의 참뜻이다. 공부해서 남 주자. 그러기 위해서는 먼저 내 몸과 마음부터 다스려야 한다.

| 이야기해 보기 |

공부법은 시대와 함께 변해 왔다. 옛 선비들의 공부 방법과 현재의 공부가 다른 점을 이야기해 보자.

① **나의 집중력의 정도를 확인해 보고, 집중력을 높일 수 있는 방법을 생각해 보자.**

1) 현재 나의 집중력은 어느 정도인지 테스트해 보자.

- 준비물: 휴대 전화의 초시계 앱, 필기구
- 방법: 초시계를 켜고 1~25까지 순서대로 동그라미 표시를 해 걸린 시간 재기

3	2	18	8	19
10	25	13	16	1
12	9	7	24	23
22	14	4	15	5
17	11	6	20	21

- 결과

걸린 시간	집중력 정도
10~12초	집중력 85%
21~25초	집중력 70%
26~30초	집중력 50%
31~40초	집중력 35%
41초 이상	집중력 20% 이하

2) 집중력을 높이기 위한 자신만의 노하우 두 가지를 써 보자.

- 예 책상을 정리하며 공부에 방해되는 것들을 치운다.

-

-

② 운동이 공부에 도움을 준 경우를 두 가지 써 보자. 그런 경우가 없었다면 운동을 하지 못한 이유와 개선 방안을 생각해 보자.

1) 운동이 공부에 도움을 준 경우

- **예** 집 근처 공원을 산책했더니 기분이 좋아지고, 머리가 맑아졌다.
-
-

2) 공부할 때 운동의 도움을 받지 못한 경우, 그 이유와 개선 방안

- 이유:

- 개선 방안:

③ 다음은 공부에 도움이 되는 음식이다. 이 음식 중 한 가지를 골라 그 안에 포함된 성분이 무엇인지 조사해 보고, 그것이 두뇌에 어떤 영향을 미치는지 써 보자.

> **<공부에 도움이 되는 음식>**
> • 달걀 • 홍삼 • 호두 • 블루베리 • 참깨

- 내가 고른 음식:

- 포함 성분:

- 두뇌에 미치는 영향:

공부하는 몸 만들기

❶ 1시간 이상 공부한 후에는 반드시
5~10분정도 몸을 움직이자.

❷ 손을 자주 움직여 두뇌를 자극해 보자.

❸ 집중력 향상을 위한 뇌 체조(명상, 요가)를
정해 놓은 시간에 해 보자.

08

마음대로 되지 않는 몸

/ 내 마음은 그게 아니었는데, 화가 먼저 날 때!

/ 내 이성과 다르게 나도 모르게 손이 음식에
먼저 다가갔을 때가 있을까?

/ 게임을 내 마음대로 멈출 수 없을 때, 어떻게 해야 할까?

충동과 중독은 어떻게 진행되는가

우리는 내 몸의 반응과 행동의 원인에 대해 잘 안다고 생각한다. 내 행동과 그 행동에 대한 의지도 어느 정도 제어할 수 있다고 믿는다. 컴퓨터 게임을 온종일 하고 싶고 맛있는 음식만 먹고 싶지만, 그러한 행동을 절제해야 한다는 사실을 이성적으로는 잘 알고 있다.

하지만 행동은 의지와 다르게 발현될 때가 많다. 때로는 부정적인 결과를 이성적으로 예측할 수 있음에도 그 행동을 멈추지 못하기도 한다. 이처럼 내 마음대로 되지 않는 몸의 현상과 반응을 '충동'과 '중독'이라고 한다. 2020년 여성가족부가 조사한 바에 따르면 청소년의 약 17퍼센트가 인터넷이나 스마트폰에 중독된 것으로 나타났다. 청소년도 중독에서 예외일 수 없다.

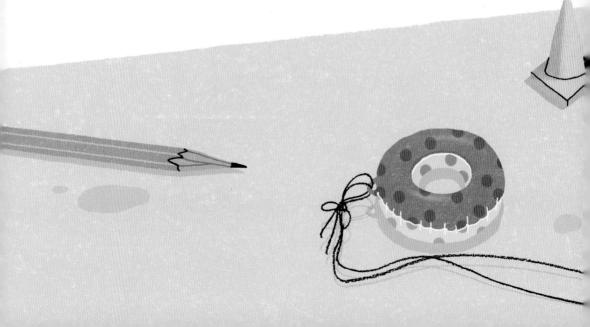

청소년기는 신체적·생물학적 성장과 함께 충동, 중독 등의
현상을 제어하는 능력도 함께 발달한다. 청소년기에 충동과
중독에 대한 제어 능력을 기르지 못한 채 성인이 되면, 그 흔
적이 진하게 남아서 더 큰 개인적·사회적인 문제를 야기할 수 있다.

이 장에서는 충동과 중독을 신체 반응과 관련된 과학적인 원리로 설명할
것이다. 이런 원리의 학습과 실천을 통해 청소년들이 겪을 수 있는 충동과
중독의 상황을 적극적으로 마주할 수 있기를 기대한다.

충동적인 몸과 타협하기

청소년이 되면 스스로 판단하고 행동하는 독립심과 자율성을 보장받기 시작한다. 이때부터 청소년들은 은어나 비속어가 담긴 거친 말투를 쓰고 반항적이거나 위험한 행동을 한다. 어떤 청소년은 부모님과 의사소통에 갈등을 느끼고, 집을 뛰쳐나가 외박하거나 가출하기도 한다. 물론 개인마다 차이는 있다.

충동성은 여러 요인이 상호 작용해 행동으로 표출되는 것

일부 청소년은 또래와 무리 지어 다니며 자신보다 약한 대상이나 집단에 무리한 요구를 하고 괴롭히거나 폭행도 한다. 이는 충동적 행동을 하는 그 시점에 죄책감보다 주목을 받고 싶은 감정이나 내재적 스트레스를 풀고자 하는 마음이 더 큰 데서 나오는 것이다.

최근에는 청소년의 일탈이 조직화, 폭력화하는 경향이 두드러진다. 이를 청소년기에 자연스럽게 나타나는 기질이라고 치부하기에는 사회가 포괄할 수 없는 수준의 큰 문제를 낳고 있다. 그렇다면 청소년기에 나타나는 충동적인 현상의 작용 원리를 이해하고 이를 제어할 방법을 찾아낸다면, 여러 부작용을 줄이거나 방지할 수 있지 않을까?

충동적인 행동이란 주의력과 계획 없이 갑작스럽게 일을 저지르는 것을 말한다. 충동성은 유전적인 요인과 발달 심리학적·사회 문화적·가정 환경적인 요인들이 상호 작용하면서 뇌에 영향을 미쳐 행동으로 표출되는 것이다. 충동의 원인은 다양하지만, 계획 능력이 부족한 것과 즉각적인 보상을

/ 더 알아보기 /

성격은 타고나는 것일까?

성격을 이해하는 것은 청소년이 진로를 찾고 인격체로 성장하는 데 도움이 될 수 있다. 성격(character)은 그리스어 'Charakter'에서 유래한 것으로, '파서 새긴 도구, 새겨진 표'를 의미한다. 머리카락, 눈동자, 피부 색깔이나 키 등 신체 특징은 유전된다. 성격은 어떨까? 오랫동안 떨어져 다른 환경에서 지내온 일란성 쌍둥이를 조사해 온 연구자들은 쌍둥이들의 취미나 습관이 비슷하다고 말한다. 이러한 연구들을 종합해 보면 습관이나 정신력, 성격은 20~50퍼센트까지 유전자가 결정한다고 말할 수 있다. 하지만 성격은 유전적인 요소와 함께 다양한 환경적인 요소가 상호 작용해 형성된다. 유전적인 요소의 실제화를 이끄는 것도 환경이다. 따라서 성격은 유전적인 요소나 정보를 포함하지만, 개인 삶의 후천적인 특성이 적극 반영된 것으로 이해할 수 있다. 청소년기의 경험과 마음가짐은 각 개인의 성격을 형성하는 데 영향을 많이 준다. 그래서 청소년들은 긍정적인 마음가짐으로 건전한 삶의 경험을 하는 것이 중요하다.

바라지만 뜻대로 되지 않아 자기 조절을 못하는 것이 충동적인 행동을 초래한다.

청소년의 뇌는 발달 중

청소년기에는 뇌에서 전전두엽의 회색질이 두꺼워졌다가 얇아지는 현상이 발견된다. 전전두엽은 판단과 예측, 계획과 같은 통합적 사고를 담당한다. 전전두엽의 팽창기에는 도파민과 같은 신경 흥분성 물질이 일시적으로 증가한다. 이로 인해 새로운 사건만을 중요시하는 경향이 강해지고, 즉각적으로 행동할 확률도 높아진다. 전전두엽의 연결이 불완전할 때는 감정의 처리를 편도체에 의존하는데, 이 때문에 공포나 불안과 같은 유사 감정들을 분노로 표출하는 오류를 범하기도 한다.

이렇듯 청소년들의 충동적인 행동들은 전전두엽이 팽창하는 과정에 있고, 충동을 억제하고 기억을 잠시 저장하는 부분과의 연결이 제대로 이루어지지 않은 것에 기인한다. 청소년은 키와 체격이 부모님과 비슷하고 어른들의 언어를 사용하지만, 청소년의 뇌는 아직 발달 단계에 있다는 것을 알아둘 필요가 있다.

감정 관리는 충동적인 행동과 타협하는 출발점

청소년들에게는 일이 논리적으로 진행되고 있는지, 자기의 감정을 스스로 통제하고 있는지, 적절한 계획을 하고 행동하는지에 대한 정보들을 처리할 시간이 필요하다. 이를 위해서는 생활을 조금 단순화하는 게 좋다. 교우 관계에서도 의견을 최대한 단순화해서 천천히 차분하게 전달하는 것을 연습

할 필요가 있다. 대부분의 일은 청소년 스스로가 판단하고 선택하는 것이 당연하겠지만, 결과를 책임질 일이 크다면 자연스럽게 도움을 요청하는 환경을 만드는 것도 중요하다.

우리의 결정은 감정의 지배를 받는 경우가 많다. 극단적인 예이지만, 2008년 국보 1호 숭례문이 전소되는 어처구니없는 사건이 벌어졌다. 한 노인의 치유되지 않는 감정(분노 조절 장애)이 우발적인 화재 사건을 일으킨 것이었다. 청소년들은 평소에 운동이나 여행으로 스트레스를 조절해 감정을 관리하는 것이 좋다. 이는 원시적인 몸이 만든 충동적인 행동과 타협하는 좋은 출발점이 될 것이다.

| 이야기해 보기 |

일들이 내 뜻대로 되지 않아 화가 났던 적이 있었다면, 그때의 감정과 후에 일이 어떻게 해결되었는지에 대해 친구들과 이야기해 보자.

몸은 더 많은 자극을 바란다

예전에는 게임이 시간이 남을 때 즐기는 놀이 정도였지만, 지금은 생활 레저와 산업의 한 영역이 되었다. 억대 연봉을 받는 프로 게이머가 생긴 지 오래이며, 스폰서 규모가 올림픽만큼 큰 세계 대회도 개최한다. e-스포츠는 2022년 항저우 아시안 게임의 정식 종목으로 채택되었다.

세대를 초월해 즐기는 문화 콘텐츠, 게임

일부에서는 어린이에서 성인까지 즐기는 게임이 사회 통합적인 기능을 한다고 주장한다. 실제로 청소년들에게는 같은 게임을 할 경우 아이템이나 전략 등의 정보 교환으로 공감대가 쉽게 형성되고, 친구들과 관계 맺기에도 도움이 된다. 또한 게임은 일상에서 겪을 수 없는 것들을 간접적으로 체험하게 해 준다. 도시나 놀이동산을 계획하고 시뮬레이션해 보며, 비행기나 기차의 조종사가 되어 가상의 동체를 움직여 볼 수도 있다. 이런 이유로 일부에서는 게임을 많이 하는 사람들의 증상을 '게임 과몰입'이라는, 부정적인 요소가 완화된 용어를 사용하자고 주장한다.

그러나 유엔 산하기구로 세계 인류의 건강을 책임지는 정책을 만드는 세계보건기구(WHO)에서는 2019년 '게임 사용 장애'를 질병으로 분류하는 안건을 통과시켰다. 2022년부터는 게임 중독이 공식적인 질병이 된다.

게임 중독은 질병이다

우리는 게임 중독과 관련한 부정적인 뉴스들을 종종 접한다. 잔인한 게임 관련 동영상을 시청한 청소년이 가족을 잔인하게 찌른다든지, 심지어 어른들도 게임에 열중하다 어린아이들을 방치해 사망하게 하는 사건들이 종종 보도되어 심각한 사회 문제가 되었다.

일본 니혼대학교 체육과학 및 교육학 교수인 모리 아키오는 2002년 《게임 뇌의 공포》라는 책에서, 게임을 오래할 경우(주당 4~6회, 한 번에 2~7시간) 뇌가 치매 환자의 뇌파와 유사해진다고 말했다. 게임은 뇌를 불균형하게 사용하기 때문에, 게임을 많이 하는 사람의 뇌를 촬영한 자기 공명 영상(MRI) 사진을 보면 전두엽 기능이 떨어져 있는 것이 관찰된다. 청소년이 게임에 중독되면 전두엽의 성숙이 지연돼 충동적인 성향을 보이는 데 일조할 수 있다.

게임에서 주어지는 즉각적인 보상은 벗어나기 힘들게 하는 덫이다. 게임을 할 때는 도박이나 마약을 할 때처럼 뇌에서 보상, 쾌락에 관여하는 도파민이 분비된다. 게임에서 오는 쾌감은 이전에 경험했던 강도의 자극으로는 얻기 힘들며, 우리 몸이 더 많은 도파민을 얻기 위한 굴레로 들어가게 한다. 이를 '게임 마약론'이라고 한다. 뇌의 중독 증상은 일상생활의 조정 능력을 떨어트리고, 건강을 해침은 물론 여러 사회 문제를 일으킨다. 게임 중독이 질병으로 분류된 것은 당연해 보인다.

중독을 피하려면 뇌의 쾌감 회로를 다른 곳으로 돌려야

세계 20억 인구가 게임을 즐기지만 모두가 게임에 중독되지는 않는다. 게임을 할 때 분비되는 도파민은 공부나 운동은 물론 사랑이나 명상을 할 때도 나온다. 결국 게임 중독은 도파민 자체의 문제보다 뇌의 쾌감 회로가 장시간 같은 자극에 노출돼 중독이 삶이 되는 결과를 낳는 것이 더 큰 문제이다. 게임말고는 아무것도 재미를 느낄 수 없는 늪에 빠지는 것이다.

청소년기는 뇌가 구조를 쉽게 바꾸는 시기이다. 게임을 많이 하는 청소년에게는 다양한 영역에서의 새로운 짜릿한 자극들이 필요하다. 최근 미국 청소년들을 대상으로 한 연구에서, 남학생들은 스포츠에 지속적으로 참여했을 때 음주나 약물, 흡연 등 중독 행동에서 멀어지는 경향을 보였다.

사람들은 공부 중독, 운동 중독을 사회적인 문제로 여기지 않는다. 오히려 긍정적인 의미로 사용하기도 한다. 하루 중 많은 시간을 게임으로 보낸다면, 게임 콘솔의 버튼을 잠시 끄고 다양한 스포츠를 경험해 보기를 권한다.

| 이야기해 보기 |

게임의 장단점을 친구들과 이야기해 보자.

빵도 중독된다

2018년 교육부의 통계에 따르면, 25퍼센트의 중고등학생이 과체중이나 비만에 해당한다고 한다. 청소년 때는 기초 대사량이 가장 높아 뭘 먹어도 소화할 수 있을 것만 같다. 그러나 막상 체중을 조절해야 하는 시기가 오면 이야기가 달라진다. 수없이 많은 다이어트 방법과 비만 치료약이 있지만, 정작 다이어트에 성공했다는 사람은 광고에서나 볼 수 있다.

약물 중독과 유사한 과정을 거치는 탄수화물 중독

우리 몸은 먹을 것을 찾고 에너지를 비축해 두는 쪽으로 진화했다. 달리 보면, TV나 배달 앱 등 우리를 유혹하는 음식들이 넘쳐 나는 환경에서 이 정도로 몸을 유지하는 것은 인류의 교육과 처절한 자기 절제력의 산물이라 할 수도 있겠다.

대학 입시라는 목표 아래 시간을 아껴야 하는 청소년들은 균형이 잡힌 영양을 섭취하기보다 빠르고 편하게 배를 채울 수 있는 식단을 선호하는 경향이 있다. 여기에 최적화된 음식이 바로 빵이나 면류이다. 이 음식들은 필수 영양소인 탄수화물을 제공해 주지만, 몸이 그 맛에 길들여지면 섭취량을 제어하기가 여간 쉽지 않다.

밀로 만든 식품을 먹으면 엑소르핀이라는 대사체가 생성되는데, 이는 아편 유사 수용체를 자극한다. 또 혈액에 증가된 당이 세로토닌이나 도파민과 같은 신경 전달 물질의 수치를 올리고, 이는 뇌의 쾌락 중추에 작용해 기분이 좋아지게 한다. 이렇게 약물 중독과 비슷한 원리로 발생되기에 탄수화물 중독이라고까지 한다. 빵을 먹으면 처음에는 기분이 좋지만, 먹으면 먹을수록 만족이 되지 않는다. 아편 유사 수용체나 신경 전달 물질 수용체가 더는 원활히 신호를 전달해 주지 못하고 내성이 생기는 것이다. 이는 더 많은 밀가루 음식을 갈구하게 만든다.

스트레스가 식욕을 부른다

체내에 남아 있는 에너지는 우리가 섭취한 에너지에서 몸이 사용한 에너지를 뺀 만큼이다. 내가 얼마나 먹었는지, 얼마나 에너지를 쓰고 있는지를 알면, 내 몸에 남겨질 에너지를 어림잡아 계산해 볼 수 있다. 먹는 음식을 기록해 보자. 정상적으로 유통되는 식품에는 영양 성분표가 붙어 있다. 내가 먹은 음식의 성분과 양을 기록하고, 권장 섭취량과 비교해 보자. 영양소가 권장 섭취량보다 많다면 조금씩 줄여 보도록 하자.

흔히 '스트레스 호르몬'이라고 부르는 코르티솔은 몸이 스트레스에 맞서기 위해 에너지를 모으는 과정에서 분비된다. 코르티솔은 포만감을 느끼게 하

/ 이야기해 보기 /

내가 자주 먹는 탄수화물 종류는 무엇인지 찾아보자. 얼마나 먹고 있는지, 섭취량을 줄일 방법이 있는지 이야기해 보자.

는 렙틴의 작용을 저해한다. 문제는 스트레스 상황에서 음식을 먹는 행위가 습관화되면, 골치 아픈 일이 생기는 즉시 식욕이 증진되어 필요 없는 에너지를 저장하게 된다는 사실이다.

스트레스라는 외부 요인에 우리 몸은 최선을 다해 분주히 맞서고 있다. 그 과정에서 몸의 여러 부위에 부담을 주고 비만 등의 부작용도 일어난다. 결국 스트레스를 잘 관리하는 것이 몸의 비정상화를 막는 길이다. 스트레스를 줄이기 위해 당장 실천할 수 있는 것부터 해 보자. 운동을 습관으로 만들고, 무엇보다 몸이 원할 때는 푹 쉬고 충분히 자도록 하자.

매운맛 중독

우리의 미각은 단맛과 짠맛, 신맛, 쓴맛, 감칠맛이 전부이다. 매운맛은 미각으로 느낄 수 없다. 그런데도 우리는 매운 떡볶이와 최근에는 마라탕에 열광하며, 중독된 것처럼 매운 음식을 찾고 있다. 매운맛을 찾아다니는 마니아가 생겨날 정도이다. 실제로 매운 음식을 먹고 나면 기분이 좋아지고, 스트레스가 풀리는 것 같은 느낌이 들 때가 있다. 이는 매운맛으로 인한 통증을 완화하기 위해 우리 몸에서 내보내는 진통제인 엔도르핀이라는 물질 때문이다.

매운맛의 성분인 캡사이신은 스트레스를 해소해 주고, 낮은 농도에서는 장을 보호하는 등 몸에 이로운 역할을 한다는 보고가 있다. 하지만 매운 음식을 지속해서 섭취하는 것은 신체의 다른 부위, 예를 들면 위나 장에 문제를 일으킬 수 있다. 이러한 식습관은 장내 벽에 염증을 일으켜 장 상피 세포의 밀착 접착 유지 단백질을 느슨하게 만든다. 이때 독소, 중금속, 기회 감염균 등이 이 사이를 통과한 뒤 혈관으로 진입해 온몸을 돌고 염증을 유발한다. 매운 음식을 통한 엔도르핀의 긍정적인 효과를 선택적으로 잘 활용하고, 부정적인 효과들을 고려하는 지혜가 필요하다.

① 최근에 내가 사용한 부정적인 언어와 그 상황을 써 보고, 혹시 그 상황에서 부정적인 언어를 사용하지 않았다면 상황이 어떻게 달라졌을지 생각하고 적어 보자.

② 게임 중독 자가 진단 테스트를 통해 자신이 어느 범주에 속하는지 체크해 보자.

1) 다음 체크 리스트를 통해 인터넷 게임 중독 자가 진단을 해 보자.

<점수> 1점: 전혀 없음 / 2점: 가끔 느낌 / 3점: 자주 느낌 / 4점: 항상 느낌

항목	질문	1	2	3	4
1	게임을 하는 것이 친한 친구들과 어울리는 것보다 더 좋다.				
2	게임 공간에서의 생활이 실제 생활보다 더 좋다.				
3	게임 속의 내가 실제의 나보다 더 좋다.				
4	게임에서 사귄 친구들이 실제 친구들 보다 나를 더 알아준다.				
5	게임에서 사람을 사귀는 것이 더 편하고 자신 있다.				
6	밤 늦게까지 게임을 하느라 시간 가는 줄 모른다.				
7	게임을 하느라 해야 할 일을 못한다.				
8	갈수록 게임을 하는 시간이 길어진다.				
9	점점 더 오랜 시간 게임을 해야 만족하게 된다.				
10	게임을 그만두어야 하는 경우에도 게임을 그만두는 것이 어렵다.				
11	게임 하는 시간을 줄이려고 노력하지만 실패한다.				
12	게임을 안 하겠다고 마음먹고도 다시 게임을 하게 된다.				
13	게임 생각 때문에 공부에 집중하기 어렵다.				
14	게임을 못한다는 것은 견디기 힘든 일이다.				
15	게임을 하지 않을 때에도 게임 생각을 하게 된다.				
16	게임으로 인해 생활에 문제가 생기더라도 게임을 해야 한다.				
17	게임을 하지 못하면 불안하고 초조하다.				
18	다른 일 때문에 게임을 못하게 될까 봐 걱정된다.				
19	누가 게임을 못 하게 하면 신경질이 난다.				
20	게임을 못하게 되면 화가 난다.				

● 합계: (/ 80점)

● 결과: 일반 사용자: 35점 이하, 잠재적 위험 사용자: 36~45점, 고위험 사용자: 46점 이상

● 출처 : 한국정보문화진흥원 인터넷중독예방상담센터(www.kado.or.kr/iapc)

2) 나의 게임 습관은 어떤가? 만약 내가 위험 사용자 범위에 들어가 있다면, 게임 습관에서 어려웠던 점과 이를 조절했을 때의 방법과 기분을 적어 보자. 이를 바탕으로 게임 중독의 위험성을 발견하고 벗어나기 위한 노력으로 서약서를 작성해 보고 가까운 선생님이나 부모님, 친구들과 공유해 보자.

- 방법과 기분: _____

- 서약서: _____

_____

③ 우리는 바쁜 일상에서 자신의 식습관에 대해 생각해 보지 않고 지나칠 때가 많다. 나의 스트레스성 폭식 여부를 판단해 보자.

1) 다음 테스트를 통해 스트레스성 폭식 여부를 체크해 보자.

항목	문항	체크
1	빨리 먹는다.	O / X
2	배가 거북할 때까지 먹는다.	O / X
3	배가 고프지 않은데도 먹는다.	O / X
4	혼자 먹는다.	O / X
5	식사 후 우울, 모멸감, 죄의식 등을 느낀다.	O / X
6	폭식 때문에 골치를 앓고 있다.	O / X
7	일주일에 최소 두 번 이상의 폭식을 한다.	O / X

2) 1)의 체크 리스트 항목 중 두 가지 이상에 O표를 했다면, 식습관에 문제가 있을 가능성이 크다. 이틀 동안의 식습관을 기록하고 그날의 감정에 대해 적어 보자.

날짜		식습관	감정
월 일	아침		
	점심		
	저녁		
	(간식)		
월 일	아침		
	점심		
	저녁		
	(간식)		

내 몸을 사랑하는 법

❶ 타인과의 긍정적인 소통 방법을 익혀
원만한 대인 관계와 자아를 형성해 보자.

❷ 식사 시간을 조절해 다른 사람들과 함께
먹고 천천히 먹는다.

❸ 탄수화물 섭취 시 정제되지 않은
곡물 위주로 많이 씹도록 한다.

❹ 게임 중독이 의심된다면 나와 만든
약속을 매일 평가해 보자.

09

미래의 몸

| 기계를 통해 몸의 기능을 증강시켜 주는
사이보그 기술은 어디까지 와 있을까?

| 유전자 변형 기술은 인간을 어떻게 바꿀까?

| 과학 기술이 발달하면 영화 〈트랜센던스〉의 주인공
윌 캐스터처럼 몸 없이도 살아갈 수 있을까?

인간 이후의 인간은 어떤 모습일까

아르놀트 겔렌은 인간을 '결핍 존재'라고 말했다. 신체적으로 그다지 강하지 않고, 심리적인 본능이 다른 동물들과 비교했을 때 턱없이 부족하다고 생각했기 때문이다. 그의 말처럼 자연 상태의 인간은 다른 동물들에 비해 특히 신체적인 무장에서 부족한 점이 많은 존재였다. 따라서 인간은 신체적인 결핍을 보강하기 위해 다양한 도구를 개발하고 사용해 왔다. 돌이나 뼛조각, 나무 막대기 등에서 시작한 도구는 오늘날 첨단 과학 기술의 형태로 발달했다.

과학 기술의 목적은 결핍 존재인 인간을 보다 완벽하게 기능하는 존재로 증강시켜 주는 것이다. 기계 공학이 몸의 외부에서 인간의 감각 능력과 운동 능력을 증강시켜 준다면, 유전 공학은 세포와 유전자 등 몸의 내부에서 인간 능력의 잠재적 가능성을 증강시켜 준다고 말할 수 있다.

　이 장의 첫째 글에서는 기계 공학 기술을 통해 우리 몸이 어느 정도까지 증강되고 대체될 수 있을지 알아볼 것이다. 둘째 글에서는 요즘 크게 주목을 받는 유전자 변형 기술이 우리 몸을 어떻게 변형시킬 수 있으며, 그 궁극적인 목표는 무엇인지 살펴볼 것이다.

　한편 몸의 능력 극대화를 목적으로 하는 인간 증강 기술의 종착점은 역설적이게도 몸을 잉여적으로 만드는 것이다. 즉, 인간이 몸 없이도 존재할 수 있게 만드는 것이다. 몇몇 미래학자들은 과학 기술이 충분히 발달하면 언젠가는 인간이 몸 없이도 존재할 것이라고 말한다. 과연 인간은 먼 미래에 몸 없이도 존재할 수 있을까? 셋째 글에서는 이러한 주장들이 전제하는 몇 가지 가정들을 비판적으로 검토하고, 이 물음에 대한 답변을 제시할 것이다.

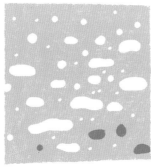

기계는 우리 몸을 어디까지 대체할 수 있을까

사이보그cyborg라는 용어는 우리에게 매
우 친숙하다. 사이보그는 인공두뇌를 의
미하는 cybernetic과 유기체를 의미하는
organism의 합성어로, 인간 유기체와 인
공물의 혼종적 결합체를 뜻한다. cybernetic
은 원래 그리스어로 '노 젓는 사람'을 의미하
는 kybernetes에서 유래한 단어로, 노와 같은
인공물을 이용하는 인간이라는 뜻이다. 오
늘날 사이보그는 몸의 일부를 최첨단 기계로 대체한 사람을 일컫는다.

색맹 화가와 의족을 한 댄서

과거의 인공물은 대부분 몸과 분리되어 몸을 지지하거나 보조하는 역할
만을 했다. 그러나 기계 공학 기술이 발달하면서 그것은 점점 더 몸과 결합
하고 있고, 몸을 대체하는 단계에까지 이르렀다. 인공 와우에 부착된 첨단
청각 장치는 인간이 들을 수 있는 범위를 넘어서는 초음파까지 듣게 해 주

고, 첨단 인공 안구에는 카메라가 장착되어 자신이 본 모든 광경을 저장하게 해 준다.

시각 정보를 청각 정보로 바꿔 주는 장치도 개발되었다. 선천적 색맹이었던 닐 하비슨은 2003년 개발된 아이보그eyeborg 안테나 덕분에 색깔을 들을 수 있게 되었다. 뇌와 직접 연결된 이 장치가 색이 가진 파장을 소리 주파수로 바꿔 준 덕분이다. 그는 이 능력을 활용해 소리를 그림으로 표현하는 화가가 되었다.

운동 능력 증강 기술은 현재 매우 높은 수준에 이르렀다. 매사추세츠 공과대학교의 휴 헤어 교수는 신경과 연결해 실제 다리와 비슷한 방식으로 움직이는 첨단 의족을 발명했다. 그는 보스턴 마라톤 대회에 참가했다가 폭탄 테러를 당해 한쪽 다리를 잃은 댄서 아드리안 하슬렛-데이비스에게 이 의족을 시술해 그녀가 다시 춤추게 해 주었다. 산업 노동자나 군인의 업무를 돕기 위해 개발된 착용 로봇은 사용자가 매우 적은 힘을 써서 수십 배나 강한 힘을 내게 해 준다.

인간과 기계가 소통하는 시대

사지가 마비된 환자들이 착용하는 외골격 로봇은 뇌파만으로 몸을 움직이게 해 준다. 2014년 브라질 월드컵 개막식에 교통사고로 하반신이 마비된 줄리아노 핀토가 외골격 로봇을 입고 나타났다. 그는 뇌파만을 이용해 시축에 성공함으로써 사람들을 놀라게 했다. 이는 뇌를 기계 또는 컴퓨터 같은 전자 장치와 연결하는 기술이 개발되었기 때문에 가능했다.

2016년 10월 스위스 취리히에서 제1회 사이베슬론Cybathlon 대회가 열렸

다. 사이베슬론은 Cyborg와 운동 경기를 의미하는 라틴어 athlon의 합성어로, 일명 사이보그 올림픽으로 불린다. 경기는 로봇 의족 달리기, 외골격 로봇 장애물 달리기, 로봇 의수 장애물 경주, 뇌 조종 컴퓨터 게임 등 모두 여섯 개의 종목으로 이루어졌다. 사람들의 이목을 가장 많이 끈 종목은 뇌 조종 컴퓨터 게임이다. 이것은 장애인들이 여러 가지 장비를 머리에 착용하고 뇌파만을 이용해서 컴퓨터 안의 아바타를 제어해 경주하는 게임이다. 뇌를 기계나 컴퓨터에 연결하는 기술 덕분에 상상 속에서만 존재했던 텔레파시가 가능해진 것이다.

| 더 알아보기 |

생각만으로 컴퓨터 게임을 하는 원숭이

테슬라의 최고 경영자 일론 머스크는 2016년 뇌와 컴퓨터의 연결 장치 개발을 목적으로 하는 뇌신경과학 기업 뉴럴링크를 설립했다. 그는 2021년 4월 9일 트위터에 원숭이 페이저가 생각만으로 컴퓨터 게임을 하는 영상을 공개했는데, 페이저의 뇌에는 뉴럴링크사가 개발한 23×8밀리미터 크기의 N1 링크 칩이 장착되어 있다고 했다. 일론 머스크에 따르면, 이 칩은 수술 로봇 V2가 페이저의 대뇌피질에 심어 놓은 5마이크론(머리카락 두께의 1/10) 크기의 전극 2048개와 연결되어 있어, 페이저가 생각할 때 뇌에서 발생하는 신호를 포착할 수 있고, 이것을 컴퓨터로 전송하면 컴퓨터가 이 신호를 분석해 페이저의 생각을 실행에 옮긴다는 것이다. 머스크가 공개한 유튜브 영상에는 페이저가 조이스틱을 조작해서 게임을 하는 장면이 먼저 나오고, 이어서 조이스틱 없이 생각만으로 게임을 하는 모습이 등장한다. 일론 머스크는 이 기술이 사지 마비 환자들에게 큰 희망을 가져다줄 것이라고 말한다.

몸이 된 기술

인간 증강 기술이 고도화되면서 멀쩡한 신체도 기술의 힘을 빌리려고 하고 있다. 영국의 다니엘라 브래드쇼는 한쪽 다리에 장애가 있어서 줄곧 휠체어에 의지해 살아 왔다. 그러다 장애가 있는 다리를 절단하고 의족을 착용한 뒤 두 다리로 걸었을 뿐만 아니라, 장애인 육상 경기 대회에 참가해 여러 차례 우승하고, 영국 국가 대표 선수까지 되었다. 그녀는 의족의 성능에 매우 만족해 멀쩡한 다른 쪽 다리도 의족으로 교체하겠다고 병원을 찾았다. 병원 측에서 시술을 거부하자 결국 소송이 이어졌고, 영국 법원은 생체를 의체로 교체하는 수술을 금지하는 판결을 내렸다.

이 사례는 앞으로 생체를 포기하고 의체를 선택하는 사람들이 생겨날 가능성이 있음을 보여 준다. 몇몇 미래학자들은 이러한 경향이 진화 과정에서 나타나는 자연스러운 흐름이라고 말한다. 프랭크 티플러는 인간의 몸이 유전자 손상, 면역 오류 등 오류의 집합체이므로 언제든 수정과 수리가 가능한 기계 육체로 대체해야 한다고 주장했다.

미래가 어떻게 전개될지는 아무도 알 수 없다. 분명한 것은 미래학자들의 전망처럼 생체를 기계 육체로 대체할 경우, 인간은 자아를 이해하는 데 큰 변화를 겪을 것이라는 점이다. 몸은 인간의 자아를 구성하는 매우 중요한 요소 가운데 하나이기 때문이다. 우리는 '몸이 된 기술'을 자아의 일부로 받아들이게 될 것이다.

| 이야기해 보기 |

> 영국 법원이 멀쩡한 왼쪽 다리를 절단하고 첨단 의족으로 교체하려고 했던 장애인 육상 선수 다니엘라 브래드쇼의 요청을 기각한 이유에 대해 이야기를 나눠 보자.

유전자 변형 기술은 우리 몸을 어떻게 변화시킬까

유기체의 형태와 기능은 오랜 시간이 걸리는 진화 과정에서 환경과 상호 작용하면서 나타난 결과이다. 그러나 최근 들어 유전 공학 분야에서 유전자 변형 기술이 발달하면서 유기체의 형태와 기능을 짧은 시간 내에 바꿀 수 있게 되었다. 유전자 변형이란 유전자의 배열을 인위적으로 변경해 특정 유전 정보를 제거하거나 추가하는 것을 말한다.

발전하는 유전자 변형 기술

인간은 오래전부터 동물과 식물의 유전자를 변형시키기 위해 노력해 왔다. 즉, 가축이나 작물의 품종을 개량하기 위해 교배하기 힘든 서로 다른 종의 생물을 인위적으로 교배해 유전자 변형을 시도해 왔다. 1970년대 들어서 이종 교배가 아니라 생물의 유전자를 직접 조작하거나 변형하는 기술이 발견되었다. 과학자들은 이 기술로 척박

한 환경에서도 잘 자라고 수확량도 많은 작물이나 근육량이 많은 가축 같은 유전자 변형 생물을 만들어 냈다. 이 생물들로 만든 식품이 우리에게 잘 알려진 GMO 식품이다.

초기의 유전자 변형 기술은 투입된 변이 물질이 원하는 유전자뿐 아니라 다른 유전자까지 무차별적으로 변경시켜 성공 확률이 매우 낮았다. 그러다 1990년경 기존의 유전자 변형 기술보다 성공 확률이 월등히 높은 유전자 변형 기술이 개발되었다. 이것은 특정 유전자에만 결합하는 효소를 이용해 목표로 하는 DNA 염기를 정확하게 자르거나 붙이는 기술로, 유전자 가위라고 부른다. 2012년 등장한 3세대 유전자 가위 '크리스퍼-캐스 IX'을 개발한 에마뉘엘 샤르팡티에와 제니퍼 다우드나는 2020년 노벨 화학상을 받았다.

변종 인간은 출현할 수 있을까

유전자 변형 기술은 원래 인류의 식량과 에너지, 질병 문제 등을 해결할 목적으로 개발되었다. 최근 들어 유전자 가위의 성능이 개선되고 유전자 변형 기술이 고도화되면서, 이 기술은 동물의 능력을 증강시키고 수명을 연장해 주는 방향으로 발전하고 있다. 미국 캘리포니아대학교의 신시아 케년은 2011년 예쁜꼬마선충의 유전자 하나를 변형해 수명을 두 배로 늘리는 데 성공했다. 이 기술로 인간의 수명 연장과 능력 증강이 충분히 가능하게 되었다.

영화 〈엑스맨〉에는 엑스 유전자로 날개, 늑대의 발톱, 사자의 갈기를 가진 변종 인간이 나온다. 현실에서도 유전자 변형을 통해 변종 인간이 생겨

날까? 기술적으로는 충분히 가능하다. 인간의 장기를 지닌 미니 돼지, 근육이 20퍼센트 이상 강화된 소, 두 배 빨리 성장하는 연어 등이 이미 유전자 변형 기술을 통해 만들어졌다. 이 기술을 인간에게 적용하면 변종 인간을 만들어 내는 일도 어렵지 않을 것이다. 그러나 실제로 변종 인간이 생겨날 개연성은 극히 낮다. 그 이유가 무엇일까?

인간의 유전자 변형에 신중해야 하는 이유

한 유전 공학 연구실에서 우리와는 다른 모습을 지닌 변종 인간이 탄생했고, 그 사실이 세상에 공개되었다고 가정해 보자. 포스트 휴먼 논쟁에 힘

입어 점점 더 외연이 확장되는 인간 개념에 비춰 볼 때 변종 인간은 인간으로 인정될 가능성이 높다. 그렇게 되면 그에게도 인간이 누릴 수 있는 모든 권리가 부여될 것이다. 그러나 그는 과연 그 권리를 누리며 제대로 살아갈 수 있을까?

대중매체를 포함해 주변의 호기심과 지나친 관심으로 그의 사생활이 보장될 가능성은 매우 희박하다. 그가 사회생활을 정상적으로 해 나갈지도 의문이다. 그의 삶은 분명 평범하지 않을 것이며, 그동안 다름을 이유로 차별받아 왔던 사람들이 겪었던 것 이상의 고통을 경험할 가능성이 크다. 이 외에도 우리가 예측하기 어려운 수많은 문제가 발생할 것이다.

이와 같은 이유에서 학자들은 이 기술을 인간에게 적용하는 데 신중을 기하고 있으며, 이것의 오남용을 막기 위한 법적·제도적 장치를 마련하려고 많은 노력을 기울이고 있다. 현재 인간 수정란의 유전자를 편집하는 기초 연구는 허용되지만, 이것을 모체에 착상시켜 임상적으로 응용하는 행위는 철저히 금지하고 있다. 금지 조처가 앞으로도 계속해서 효과를 발휘한다면, 유전자 변형 기술은 우리 몸의 모습을 획기적으로 바꾸는 대신 질병 치료, 수명 연장, 외모 개선, 신체와 지적 능력의 증강에 활용됨으로써 현재 모습을 유지하는 데 기여할 것이다.

| 이야기해 보기 |

> 유전 공학을 통해 우리 몸이 획기적으로 바뀌게 될 가능성이 있는지에 대해 이야기를 나눠 보자.

우리는 몸 없이도 존재할 수 있을까

우리는 가끔 몸을 벗어나고 싶은 충동을 느낄 때가 있다. 특히 병이 들거나 부상을 당해 거동이 불편할 때 그런 충동을 느낀다. 과연 우리는 몸에서 벗어나서도 존재할 수 있을까?

마음을 컴퓨터에 업로드한다면

물리학자 맥스 테그마크는 《라이프 3.0》에서 인간의 마음을 컴퓨터에 업로드하는 일은 물리 법칙상 불가능하지 않으며, 언젠가는 그런 일이 실현될 것이라고 말한다. '인간에게 쉬운 일은 컴퓨터에게 어렵고, 컴퓨터에게 쉬운 일은 인간에게 어렵다'는 모라벡의 역설로 유명한 로봇 공학자 한스 모라벡은 《마음의 아이들》에서, 인간이 스스로 몸을 버리고 마음을 기계에 업로드함으로써 몸 없이도 존재하게 될 것이라고 전망했다.

이 학자들의 주장처럼 실제로 인간의 마음을 기계에 업로드하는 일이 가능할까? 가능하다면 어떻게 가능할까? 현재까지 등장한 마음 업로드 구상 가운데 가장 최신 버전은 '인간 커넥톰connectome 프로젝트'이다. 커넥톰은

/ 더 알아보기 /

무술의 고수가 된다는 것

영화 〈매트릭스〉에는 주인공 네오가 자신의 후두부와 케이블로 연결된 컴퓨터를 통해 뇌에 무술 수련 경험을 다운로드 받는 장면이 나온다. 이후 네오는 잠시 동안의 적응 훈련을 거쳐 뛰어난 실력을 갖춘 무술 고수가 된다. 과학 기술이 더욱 발달한 미래에는 정말로 이런 일이 가능할까? 현재의 과학 기술은 특정한 환경 자극에 대한 감정 기억을 해마에 인위적으로 심는 수준까지 발전했다. 이 기술이 더욱 발달하면 영화 〈토탈 리콜〉에서처럼 새로운 경험을 상품으로 판매하는 회사도 생겨날 것이다. 그러나 단순히 기억하고 감정을 느끼는 일과 생각을 몸으로 실행하는 일은 근본적으로 다르다. 생각을 실행하기 위해서는 몸이 준비되어 있어야만 한다. 즉, 무술의 고수가 되기 위해서는 뇌세포들의 연결망 형성(생각)도 중요하지만, 생각을 실행에 옮길 몸만들기, 즉 근력과 지구력, 조정력 등의 몸 능력을 향상시키는 일도 중요하다. 그러나 네오는 몸만들기를 생략한 채 수련 경험만을 다운로드 받았다. 이런 상태에서 그의 몸이 뇌의 의도를 제대로 실행에 옮길 수 있을지는 의문이다.

연결성connectivity과 게놈genome의 합성어로, 연결성 지도라는 의미이다. 커넥톰에 대한 관심을 처음으로 불러일으킨 사람은 존 화이트이다. 그는 1986년 예쁜꼬마선충의 뇌에 있는 302개의 신경 세포 연결망 7000개를 모두 알아내어, 알고리즘으로 만든 후 컴퓨터에 업로드해 그 움직임을 시뮬레이션했다. 그리고 장애물을 피하며 이동하는 그것의 움직임이 실제 살아 있는 선충의 움직임과 동일하다는 것을 밝혀냈다.

기계가 인간을 재현할 수 있을까

인간 커넥톰 프로젝트는 과연 성공할 수 있을까? 이 프로젝트를 수행하고 있는 학자들은 마음을 뇌 세포들의 연결망이 만들어 내는 현상으로 이해하고 있으며(첫째 가정), 이 연결망을 완벽하게 밝혀내는 일이 가능하다고 생각하고 있고(둘째 가정), 그 연결망을 디지털 정보로 바꿔 컴퓨터에 업로드하면 마음이 생겨날 것(셋째 가정)이라고 믿는다. 그러나 이 세 가지 가정에는 심각한 논리의 비약이 내재되어 있다.

첫째, 마음이 뇌세포들의 연결망이 만들어 낸 현상이라는 가정을 검토해 보자. 마음은 분명 뇌의 작용과 관련되어 있지만, 뇌의 작용이 곧 마음은 아니다. 물질적인 뇌세포들의 연결망 형성과 비물질적인 마음의 출현 사이에는 쉽게 뛰어넘을 수 없는 간격이 존재하기 때문이다. 마음을 형성하는 데는 뇌의 신경 세포만이 아니라 몸의 나머지 부분을 구성하는 세포들도 관여한다. 뇌세포들의 연결성만으로 마음이 형성된다는 가정도 의문의 여지가 있다. 마음은 뇌에서 이루어지는 의식의 작용과 몸에서 이루어지는 무의식의 작용을 포함하기 때문이다.

둘째, 과연 현재의 과학 기술 수준에서 뇌 세포들의 연결성을 모두 밝혀내는 일이 가능할지가 의문이다. 인간의 뇌는 예쁜꼬마선충의 뇌보다 수십억 배나 많은 1000억 개 이상의 신경 세포들로 구성되어 있으며, 신경 세포들 사이의 연결인 시냅스의 수도 100조 개에 이른다. 많은 학자가 인간 커넥톰을 완성하기 위해 노력하고 있지만, 현재 기술로는 인간의 완전한 뇌 연결성 지도를 알아내는 것은 불가능하다는 것이 학계의 중론이다.

셋째, 언젠가 완전한 뇌 연결성 지도를 알아낸다고 하더라도 그것으로 과연 인간의 마음을 재현해 낼지 의문이다. 업로드된 커넥톰은 신경 세포 연결성이 알고리즘으로 고정되는 순간, 특정 자극에 대해 특정한 반응만을 보이는 '단순한 기계'가 된다. 반면에 살아 있는 인간의 실제 뇌세포 연결망은 계속해서 바뀌기 때문에 특정 자극에 대한 반응이 변하기도 하는 '단순하지 않은 기계'라고 할 수 있다.

이러한 이유에서 인간 커넥톰 프로젝트의 성공을 낙관하기 어려우며, 인간이 몸 없이도 존재할 수 있는가라는 물음에 대한 답변도 회의적일 수밖에 없다. 그렇다고 이 프로젝트가 무의미하다는 말은 아니다. 이 프로젝트는 뇌를 더 잘 이해할 수 있게 해 주었을 뿐만 아니라 자폐증, 조현병, 파킨슨병 같은 뇌 질환의 원인을 밝힐 수 있는 단서를 제공해 주고 있다.

| 이야기해 보기 |

철학자 니체는 '몸이 더 큰 마음'이라고 했다. 이 말이 무엇을 뜻하는지 이야기를 나눠 보자.

① 유전자 조작을 통해 몸의 형태와 기능이 다른 변종 인간이 탄생할 경우 발생 가능한 문제에 대해 생각해 보자.

> 현재의 유전 공학 기술은 형태와 기능 면에서 지금까지 존재하지 않았던 새로운 생명체를 만들어 낼 수 있는 수준에까지 이르렀다. 이 기술을 인간 수정란에 적용하여 모체에 착상시키면, 형태와 기능면에서 현생 인류와는 전혀 다른 몸을 지닌 변종 인간이 탄생할 가능성도 있다. 그렇지만 유전 공학 기술의 인간 적용 행위는 법적, 제도적으로 철저하게 금지되어 있다. 유전자 조작을 통해 기능이 증강되고 형태가 변형된 인간이 출현했을 경우에 평등 및 차별과 관련된 심각한 사회 문제들이 발생할 수 있기 때문이다. 구체적으로 어떤 문제들이 발생하게 될까?

1) 유전자 조작을 통해 생겨날 수 있는 인간의 모습

_____

2) 변종 인간의 등장을 통해 발생할 수 있는 문제들

_____

② 의공학 기술의 발달로 몸을 부분적으로 보완 또는 대체할 수 있는 신체 보형물이 다양화되고 있다. 다음 <보기>의 신체 보형물을 세 가지 종류로 나눠 보자.

> <보기>
> ① 인공심장 ② 실리콘 ③ 의수/의족 ④ 인공와우 ⑤ 인공호흡기
> ⑥ 인공신장 ⑦ 의치 ⑧ 의안 ⑨ 필러(콜라겐, 지방, 보톡스) ⑩ 로봇 웨어

• 생명의 유지를 위한 보형물들: (   )
• 상실된 몸 기능의 유지나 대체를 위한 보형물들: (   )
• 몸의 외관 향상이나 기능 향상을 위한 보형물들: (   )

③ 미래의 몸 강화 기술은 몸을 대체하는 기술일까, 몸을 보조하는 기술일까? 자료의 두 주장 중 설득력 있는 주장에 V표 하고, 그 주장이 설득력 있는 이유를 써 보자.

> 공학자들은 최근 들어 장애인을 위한 기술은 물론이고 장애가 없는 이들의 몸 기능을 강화시켜 주기 위한 기술의 개발에도 힘쓰고 있다. 이러한 기술은 크게 몸을 기계로 대체하는 방법을 개발하는 방향과 몸을 그대로 내버려두고 필요시 탈·부착할 수 있는 보조 기계를 개발하는 방향으로 발달하고 있다. 일부 미래학자들은 먼 미래에 인류는 병들거나 다치기 쉬운 몸을 포기하고 기계 신체로 대체하게 될 것이라고 말한다. 이들에 따르면, 이와 같은 몸 강화 기술의 최종 목적은 의식을 컴퓨터에 업로드 함으로써 몸을 제거하는 것이다. 그러나 다른 미래학자들은 인간이 여러 가지 이유에서 몸을 포기하지 않을 것이기 때문에 몸 강화 기술은 몸을 대체하는 방법을 찾기보다 필요시에만 사용할 수 있는 로봇웨어를 개발하는 데 더욱 힘쓸 것이라고 말한다. 예를 들면 영화 〈아이언맨〉에 나오는 슈트가 그러한 로봇웨어의 한 가지 사례이다.

- 미래의 몸 강화 기술: 몸 대체 기술의 우세 (   ) / 몸 보조 기술의 우세 (   )

- 선택한 주장이 설득력 있는 이유:

④ 만일 먼 미래에 우리가 몸 없이 의식으로만 존재하게 된다면 어떤 일을 할 수 있게 되고, 어떤 일을 할 수 없게 될지 상상해 보고 그 내용을 적어 보자.

> 우리는 몸이 있기 때문에 가고 싶은 곳에 가고, 먹고 싶은 것을 먹을 수 있다. 한편 우리는 몸이 있기 때문에 다치거나 병이 들 수 있고, 결국 하고 싶은 일을 하지 못하게 된다. 그러나 자유는 구속이 있기 때문에 가치 있는 것이 될 수 있다. 마찬가지로 몸이 있어 할 수 있는 것 역시 몸이 있어 할 수 없는 것 덕분에 가치 있는 것이 될 수 있다. 이렇게 자유와 할 수 있음의 가치는 구속과 할 수 없음이 존재하기에 생겨난다. 그럼에도 불구하고 몇몇 과학자들은 부상, 질병, 죽음을 통해 인간을 구속하는 몸을 제거하기 위해 애쓰고 있다. 인간에게서 몸이 제거된다면 몸으로 누릴 수 있는 자유도 사라질 것이고, 몸으로 할 수 있는 일도 없어질 것이다.

- 인간이 몸 없이 존재하게 될 때, 할 수 있는 일들:

- 인간이 몸 없이 존재하게 될 때, 할 수 없는 일들:

미래의 몸 상상해 보기

❶ 몸을 기계 신체로 대체하려는 과학
기술의 최종 목적은 역설적이게도 몸을
제거하는 것이라는 점을 잊지 말자.

❷ 우리가 꿈꾸는 미래 사회의 모습이
테크노피아technopia가 아니라
에코토피아ecotopia이듯이, 이상적인
인간의 모습도 인공적인 기계 신체가
아니라 자연적인 몸이 되어야 한다.

❸ 과학 기술이 아무리 발달해도 인간을
인간답게 만드는 것은 결국 인간의
몸이라는 사실을 기억하자.

10

행복한 몸

/ 우리의 몸 상태를 구분할 수 있을까?

/ 몸에 활력을 불어넣는 가장 좋은 방법은 무엇일까?

/ 행복한 몸이란 무엇인가?

몸은 어떻게 행복을 경험하는가

우리는 평생 몸을 통해 다양한 경험을 하며 살아간다. 어려서부터 먹은 음식, 학교 수업 시간의 공부, 땀 흘리면 했던 운동, 소셜 미디어 활동, 노래방에서 부른 노래, 부모님과의 대화, 가족 여행 등 모든 정신적·신체적·사회적 경험들이 내 몸에 흔적처럼 쌓인다. 이렇게 쌓인 경험의 질은 삶의 질을 좌우한다. 한마디로 몸은 우리 삶의 축적인 것이다. 그렇다면 인간이 할 수 있는 최고의 경험은 무엇일까? 어떤 경험을 할 때 인간은 가장 큰 행복을 느낄까? 그리고 그런 경험은 몸과 어떤 관계가 있을까?

인간의 몸은 특별히 아픈 곳이 없는 경우 크게 세 단계로 나눌 수 있다. 첫째는 고통이 없는 몸이다. 아픈 곳은 없지만 활력을 느끼지 못하는 상태의 몸을 말한다. 병원에 가도 특별히 문제를 찾을 수 없고 고통을 느끼는 부위도 없다. 둘째는 활력 있는 몸이다. 에너지와 생기가 넘치는 상태의 몸을 의미한다. 일반적으로 건강하다고 말하는 상태의 몸이다. 셋째는 행복한 몸이다. 행복을 몸으로 느끼는 단계이다. 이것은 인간이 경험할 수 있는 최상의 상태이다. 이렇게 인간은 고통과 활력뿐 아니라 행복도 몸으로 느낀다.

인간은 누구나 고통을 회피하고 행복을 추구한다. 우리 몸이 그렇게 원하는 것이다. 이 장에서는 인간의 몸을 고통, 활력, 행복의 관점에서 다룬다. 먼저 몸의 고통을 유발하는 원인과 고통의 기능에 대해 알아본다. 다음으로 운동이 몸을 어떻게 바꾸고 활력을 높이는지 살펴본다. 마지막으로 행복을 몸으로 느낀다는 것의 의미는 무엇인지, 인간이 경험할 수 있는 궁극의 상태로서의 몸은 무엇인지, 그리고 어떻게 그런 몸을 경험할 수 있는지 알아볼 것이다.

고통 없는 몸

손가락에 들어간 조그만 가시 때문에 고통을 느껴본 적이 있는가? 수업 시간에 두통이나 복통으로 괴로웠던 적이 있는가? 우리 몸은 고통을 일으키는 수많은 요인에 노출되어 있다. 각종 질병부터 자연재해나 사고, 타인의 폭력, 스트레스에 이르기까지 고통을 유발하는 요인은 셀 수 없이 많다. 원인이 무엇이든 우리는 고통을 몸으로 느낀다. 고통이란 관점에서 우리 몸은 고통 있는 몸과 고통 없는 몸으로 나눌 수 있다.

모든 고통은 몸이 경험한다

질병은 우리 몸의 고통을 유발하는 가장 큰 원인이다. 누구나 살면서 고열, 오한, 근육통을 동반하는 감기 몸살을 앓은 경험이 있을 것이다. 주위에 아토피로 피가 날 때까지 피부를 긁으며 괴로워하는 친구들도 쉽게 찾아볼 수 있다. 콜레라, 코로나와 같은 바이러스는 숙주인 사람 몸속에 침투해 몸 내부의 체계를 순식간에 망가뜨리면서 심각한 고통을 유발한다.

질병 외에도 각종 자연재해나 인재가 만든 사고는 우리 삶에 치명적인 고통을 안겨 준다. 홍수, 지진과 같은 천재지변이나 화재, 교통사고 등 각종 안전사고는 목숨을 앗아가기도 한다. 다행히 목숨은 건졌지만 심각한 상해를 입고 장애 상태가 되기도 한다. 대형 사고나 재해가 아니더라도 크고 작은 상해 역시 주관적으로 느끼는 고통은 매우 크다.

고통에는 신체적 고통뿐 아니라 정신적 고통도 있다. 세월호 침몰로 눈에 넣어도 안 아플 사랑하는 딸을 하루아침에 잃었던 아버지 한 분은 안타깝게도 몇 년 뒤에 암으로 사망했다. 학교에서 왕따를 당한 학생이 그 고통을 견디다 못해 스스로 생을 마감하는 경우도 있다. 정신적·사회적 경험은 정서와 스트레스를 연결 고리로 몸에 직접적인 영향을 끼친다. 정신적·사회적 스트레스는 정신적 고통으로 끝나지 않고, 불면증이나 소화불량, 과민성 대

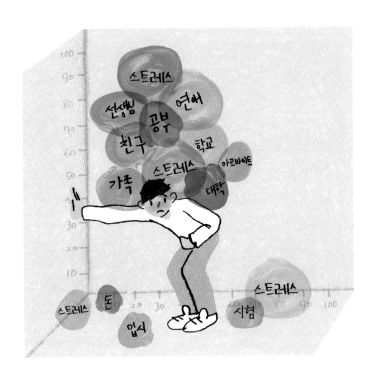

장 질환 등 다양한 형태의 신체적인 고통도 함께 일으킨다. 정신적인 고통이 심해지면 몸은 거기에 반드시 반응한다는 점에서 모든 고통은 몸이 경험하는 것이다.

| 더 알아보기 |

모리스 메를로퐁티의 몸 철학

몸과 마음의 관계를 바라보는 관점은 다양하게 존재해 왔다. 크게 보면 플라톤, 데카르트와 같이 몸과 마음이 분리되어 존재한다고 믿는 심신 이원론에서 스피노자, 니체, 메를로퐁티와 같이 몸과 마음은 밀접하게 연결되어 있거나 분리될 수 없는 하나의 존재라고 믿는 심신 일원론적 관점으로 바뀌어 왔다. 특히 형이상학적 논쟁과는 별개로 현대 신경 과학과 인지 과학은 몸과 마음이 분리되지 않았음을 과학적으로 증명하고 있다.

몸에 관한 대표적인 사상가는 모리스 메를로퐁티라는 현상학자이다. 소위 '몸 철학'을 주창한 메를로퐁티는 과학에서 말하는 객관적 실재나 관념론에서 말하는 정신과 의식의 세계를 모두 거부하고, 몸을 통해 직접 지각하는 현상을 중시하며 현대 철학의 새로운 지평을 열었다. 그는 '현상'에서는 주관과 객관이 구분될 수 없으며, 몸은 정신적인 것과 물질적인 것이 혼재되어 있다고 생각했다. 그의 사상은 순수 관념과 이성을 중시한 플라톤이나 데카르트의 생각과는 대척점에 있다고 볼 수 있다.

작은 고통은 큰 고통을 피하게 해 주는 경고

고통에는 순기능도 있다. 몸은 우리에게 신체적 위험을 전달하는 가장 강력한 신호이자 생명을 지키기 위한 방어 기제이기 때문이다. 모든 고통은 전신에 퍼져 있는 다양한 감각 신경을 통해 뇌로 전달되어 몸이 위험에 처해 있음을 알리고, 이에 적절히 대응할 수 있는 판단과 명령의 기초가 된다. 작은 고통은 더 큰 고통을 피하게 해 주는 신체적 경고이다. 또한 어린이나 청소년이 갑자기 성장하면서 겪는 성장통처럼 더 나은 상태로 나아가는 과정에서 따라오는 고통도 있다.

우리 몸을 평생 아프지 않은, 즉 고통 없는 상태로 유지하는 것은 쉽지 않다. 고통이 없는 몸은 질병의 유전적인 요인까지 고려하면 그 자체로 행운이다. 현대 의학의 눈부신 발전으로 인류는 많은 질병을 이겨 냈지만, 질병에서 해방되는 것은 아직 요원한 일이다. 그럼에도 최대한 고통 없는 상태로 몸을 유지하는 것은 우리가 행복한 삶을 살기 위한 기본 조건이다.

| 이야기해 보기 |

몸이 특별히 아픈 데는 없지만, 전체적으로 무겁고 기운이 없으면 어떤 생각이 드는지 이야기를 나눠 보자.

활력 있는 몸

몸이 특별히 아픈 곳은 없지만 천근만근 무겁게 느껴지고 컨디션이 좋지 않을 때가 있다. 그럴 땐 모든 일이 귀찮고 의욕이 떨어지게 된다. 한편 몸이 가볍고 에너지와 생기가 느껴질 때는 매사에 적극적이고 의욕이 생긴다. 우리는 몸에 활력이 있을 때와 없을 때의 차이를 분명히 알고 있다.

몸은 고통의 귀결점이자 모든 활력의 시작점

물론 고통 없는 몸이 반드시 활력 있는 몸을 의미하지는 않는다. 활력은 살아 움직이는 힘, 또는 생기 있는 기운이다. 몸에 활력이 있다는 것은 몸의 구성 요소들이 왕성하게 자기 역할을 한다는 것이고, 몸 전체가 하나의 유기체로서 활발하게 움직일 수 있는 상태라는 것을 의미한다.

몸은 모든 고통의 귀결점인 동시에 모든 활력의 시작점이다. 왕성한 지적·사회적 활동은 몸에 활력이 있을 때 가능하다. 따라서 우리 몸을 고통에서 벗어나게 하거나 고통을 예방하는 것이 몸을 관리하는 1단계라면, 그 다음 단계는 활력 있는 몸을 만드는 것이다.

활력은 운동과 음식 섭취, 수면, 음주, 흡연 등 여러 가지 생활 습관이 몸

에 배어야 얻을 수 있는 산물이다. 이 중에서도 활력을 지속적이고 효과적으로 높이는 가장 좋은 방법은 규칙적인 운동이다. 운동을 하지 않아도 고통 없는 몸을 유지할 수는 있다. 그러나 운동을 하지 않고 활력 있는 몸을 만들기는 어렵다.

활력은 정신적·사회적인 건강의 기초

우리나라 남성의 기대 수명은 2012년 77.6세에서 2018년 79.7세이고, 여성의 기대 수명은 같은 기간에 84.2세에서 85.7세로 늘어났다. 그러나 건강한 생활을 영위할 수 있는 건강 수명은 같은 기간에 남성은 65세에서 64세로, 여성은 66.5세에서 64.9세로 오히려 줄어들었다. 게다가 이것은 아프지 않으면 건강한 것으로 가정한 것이기 때문에 엄밀히 말하면, 고통 없는 몸을 유지하는 수명일 뿐 활력 있는 몸을 유지한 나이는 아니다.

활력 있는 몸을 만들기 위해서는 세 가지 종류의 운동을 해야 한다. 첫째는 유산소 운동이고, 둘째는 근력 운동이며, 셋째는 유연성 운동이다. 세 운동의 복합적인 효과는 심혈관계, 뇌신경계, 호흡계, 내분비계, 근골격계 등 몸의 전 영역에 걸쳐 광범위하게 나타난다.

우리 몸은 유전과 정서, 사회적 환경에 많은 영향을 받기 때문에 활력 있는 몸이 단순히 신체적인 노력의 결과만은 아닐 것이다. 그러나 규칙적인 운동은 유전, 정서, 사회적 환경이 유발할 수 있는 부정적인 효과를 상당 부분 방어하고 개선할 수 있다. 규칙적인 운동을 통한 신체적 활력은 정신적·사회적 건강의 기초이자 직접적인 선행 요인이 되기도 한다.

인지 능력 향상과 정서적 안정, 자존감 형성에 기여하는 운동

21세기 들어 가장 놀라운 과학적 발견의 하나는 운동이 뇌의 인지 능력에 긍정적인 영향을 미친다는 사실이다. 2007년 솔크연구소와 컬럼비아대 연구팀은 건강한 성인을 대상으로 12주 동안 일주일에 4회, 한 시간씩 규칙적인 유산소 운동을 시킨 결과, 뇌에서 단기 기억과 학습을 관장하는 해마 부위에 새로운 뇌세포가 생성된 것으로 추정되는 단서를 찾았다. 이것은 인간의 뇌가 출생 초기에 결정된 이후 평생 쇠퇴한다는 지난 100년 이상 된 통념을 깨는 놀라운 결과였다. 그 이후 운동이 뇌와 인지 능력에 미치는 긍정적인 효과들을 보여 주는 최신 연구들이 지속적으로 발표되고 있다.

운동은 인지 능력뿐 아니라 정서에도 직접적인 영향을 준다. 신체 활동은 도파민, 세로토닌, 엔돌핀과 같은 호르몬의 분비를 촉진시켜 기분을 좋게 만든다. 의사들이 운동을 중독, 우울증, 스트레스를 한 번에 치료할 수 있는 특효약으로 꼽는 이유이다. 뿐만 아니라 운동을 통해 얻은 정서적 안정은 건강한 자존감 형성에도 기여해 사회적 관계 맺기도 원활하게 해 준다.

이렇듯 남녀노소 모두에게 규칙적인 운동은 활력 있는 몸을 만들어 주고, 인지와 정서에도 직접적인 영향을 주어 건강한 상태를 유지하는 데 절대적인 역할을 한다. 특히 신체적인 성장이 왕성하면서도 정서적으로 불안정한 시기에 학습 효과를 극대화해야 하는 청소년들에게 운동은 선택이 아니라 필수이다.

/ 이야기해 보기 /

몸에 활력이 생기면서 이전까지의 부정적인 생각이 긍정적으로 바뀐 경험이 있는지, 또는 반대로 몸이 피곤해져서 긍정적인 생각이 부정적으로 바뀐 적이 있는지 이야기를 나눠 보자.

행복은 몸으로 느낀다

삶의 목적은 행복이다. 그러나 행복은 손에 잘 잡히지 않고, 무엇인지 명확하게 설명하기도 어렵다. 인간이라면 누구나 도달하고 싶고 느끼고 싶어 하는 상태이지만, 그 수단과 방법도 사람마다 다르다. 어떤 사람들은 행복을 목표를 이루는 것, 즉 성취의 결과물로 생각한다. 마치 결승점에 도달하면 주어지는 금메달 같은 것으로 보는 것이다. 또 어떤 사람들은 게임을 하면서 행복해하거나 아이스크림을 먹으며 행복해한다. 이들은 감각적 쾌감을 중시하는 것이다. 어떤 사람들은 마더 테레사나 슈바이처처럼 남을 도우면서 행복해하기도 한다. 이런 행복과 몸은 어떤 관계가 있을까?

행복한 몸은 정신과 신체가 하나 된 상태

행복은 고대 그리스 시대부터 인류가 끊임없이 고민해 온 주제이다. 행복을 보는 관점과 개념적 정의는 시대와 관점에 따라 다양하다. 행복이 과거에는 철학자들의 질문이었다면, 요즘은 심리학, 경제학에서 더 많이 연구한다. 행복을 주로 연구하는 긍정 심리학에서 현재까지 합의된 행복의 정의는 개인이 자신의 삶에 대해 주관적으로 느끼는 만족감이다. 부, 명예, 권력에서부터 음식, 공연, 봉사에 이르기까지 수단이 무엇이든 삶에 주관적인 만족감을 느끼면 행복이라고 간주한다.

삶에 대한 주관적인 만족감은 기본적으로 사람이 느끼는 감정이다. 감정은 신체적인 반응의 결과이다. 이것은 결국 행복은 몸으로 느끼는 것이라는 점을 말해 준다. 이제부터 나는 행복해지겠다고 결심한다고 해서 얻을 수 있는 것이 아니라는 말이다. 행복을 몸으로 느끼기 위한 보다 적극적인 방법은 '행복한 몸' 상태로 우리를 업그레이드하는 것이다.

인간의 몸은 고통 없는 상태를 벗어나 활력이 생겼다 하더라도 그것이 반드시 행복한 몸이 되는 것은 아니다. 행복한 몸이란 단순히 활력 있는 상태를 넘어서, 자유 의지를 가지고 몸을 능동적으로 움직이는 과정에서 자신이

/ 더 알아보기 /

달리고 있을 땐 아무 장애가 없는 것처럼 느껴져요!

릭 호잇은 태어날 때부터 뇌성 마비와 경련성 전신 마비를 앓아 혼자서 몸을 움직일 수 없고 말도 할 수 없었다. 그러던 릭이 컴퓨터로 자신의 의사를 표현할 수 있게 되면서 가장 먼저 한 말은 "달리고 싶다."였다. 그의 아버지는 아들을 위해 기꺼이 휠체어를 밀며 장애가 있는 라크로스 선수를 위한 자선 달리기 대회에 참가한다. 이 대회 완주 이후 릭은 자신의 컴퓨터에 "아빠, 달리고 있을 땐 아무 장애가 없는 것처럼 느껴져요."라고 적었고, 이를 본 아버지는 아들을 위해 달리기를 계속하겠다고 다짐했다. 이후 호잇 부자는 40년간 마라톤과 철인 3종 경기에 참여하는 감동의 드라마를 썼다. 1977년부터 2016년까지 마라톤 72회, 트라이애슬론 257회(철인 코스 6회), 듀애슬론 22회 등 총 1130개 대회를 완주했고, 45일 동안 자전거와 달리기로 미국 대륙을 횡단(총 6010킬로미터)하기도 했다. 수영을 할 줄 모르던 아버지는 수영을 배운 후 아들을 실은 고무배를 허리에 묶고 바다 수영을 했고, 자전거를 탈 때는 아들이 앉은 특수 의자를 장착한 자전거를 탔다. 호잇 부자는 일심동체가 되었고, 아버지는 아들의 행복한 몸이 되어 주었다.

살아 있는 생명체라는 것을 실존적으로 체험하는 상태를 말한다. 이것은 내적 자기 충만감을 느끼는 일종의 숭고한 경험이다. 한마디로, 행복한 몸이란 몸과 마음과 영혼이 하나가 된 상태를 의미하며, 이것은 인간이 누릴 수 있는 궁극의 경험이라고 할 수 있다.

몸으로 자유 의지를 발현하는 활동

행복한 몸을 경험할 수 있는 방법은 여러 가지가 있다. 운동, 댄스, 악기 연주, 그림 그리기, 가구 만들기 등 자신의 몸을 움직여서 하는 활동은 모두 가능하다. 스포츠를 각본 없는 드라마라고 부르는 것은 선수들이 행복한 몸을 경험하는 과정이 우리에게 감동을 주기 때문이다.

세계적인 선수들만 행복을 몸으로 경험하는 것은 아니다. 일반인도 일정 수준의 기량과 경험이 쌓이면 누구나 가능하다. 멋진 산을 오르거나 흥겨운 음악에 맞춰 춤을 추거나 친구들과 땀에 젖은 채 농구에 빠져 있을 때도 얼마든지 행복한 몸을 경험할 수 있다. 몸을 통해 자유 의지를 발현할 수 있는 활동이라면 그것이 어떤 것이든 누구나 행복한 몸에 도달할 수 있다.

행복한 몸은 저절로 만들어지지 않는다

우리나라 학생들이 숨 막히는 입시 위주 교육 풍토로 인해 청소년기에 행복한 몸을 경험할 기회를 누리지 못하는 것은 정말 안타까운 일이다. 행복한 몸은 저절로 만들어지지 않는다. 몸이 우리의 자유 의지대로 움직이도록 하기 위한 숙련의 시간이 필요하기 때문이다. 행복한 몸을 위해 몸을 숙련하는 것은 어려서부터 시작할수록 좋다. 그만큼 숙련의 속도가 빠르고, 또 행복한 몸을 누릴 수 있는 인생의 남은 시간이 많아지기 때문이다.

인간은 살아가면서 누구나 크고 작은 역경을 겪는다. 행복한 몸은 외부 환경과 상관없이 자신의 존재 가치를 실존적으로 확인시켜 줌으로써 인간이 다양한 역경을 이겨 낼 수 있도록 도와주는 가장 큰 자산이다. 인간은 고통도 몸으로 느끼고, 활력도 몸으로 느끼며, 행복도 몸으로 느낀다. 몸은 우리 삶의 실체이다. 고통 없는 몸에 만족하지 않고 활력 있는 몸, 나아가 행복한 몸을 추구하는 것은 인간의 권리이자 의무이다.

/ 이야기해 보기 /

평소와 다르게 내 몸이 살아 있다는 느낌을 경험한 적이 있는지 이야기해 보자.

① 내 몸과 머리에 대한 전체적인 느낌을 기록해 보고, 상관 관계에 관해 생각해 보자.

　1) 내 몸과 내 머리에 대한 느낌이 어떤지 매일 기록해 보자.

　　• 아침에 눈을 떴을 때, 내 **몸**에 대한 전체적인 느낌

매우 나쁨 | 1 | 2 | 3 | 4 | 5 | 6 | 7 | 8 | 9 | 10 | 매우 좋음

　　• 아침에 눈을 떴을 때, 내 **머리**에 대한 전체적인 느낌

매우 나쁨 | 1 | 2 | 3 | 4 | 5 | 6 | 7 | 8 | 9 | 10 | 매우 좋음

② 내 몸의 활력을 높이기 위해 할 수 있는 일을 두 가지 찾아 써 보자.

　　• 예 매일 아침에 일어나자마자 물을 한 잔 마시고, 10분 동안 스트레칭을 한다.

　　•

　　•

③ 내가 가장 하고 싶은 운동 종목을 선택하고, 이를 어떻게 실천할지 계획해 보자.

　1) 내가 하고 싶은 운동 종목을 골라 체크해 보자. (복수 응답 가능)

☐ 축구　☐ 농구　☐ 야구　☐ 핸드볼　☐ 배드민턴　☐ 테니스
☐ 탁구　☐ 수영　☐ 필라테스　☐ 조깅　☐ 기타:

2) 1)에서 선택한 운동을 어떻게 진행할지 한 주 계획을 세우고 실천해 보자.

항목	내용
월	예 아침 6시, 조깅 총 30분, 10분 달리고, 5분 걷는 형태
화	
수	휴식
목	
금	
토	휴식
일	

3) 내가 행복을 '몸'으로 느끼는 경우는 언제인지 생각해 보자.

- 예 친구들과 같이 등산을 하며 북한산 백운대 정상에 도달했을 때
-
-

④ 내가 생각하는 '행복한 몸'은 과연 무엇일까?

1) 내가 생각하는 '행복한 몸'에 대해 빈칸에 알맞은 내용과 이유를 적어 보자.

- 내가 생각하는 '행복한 몸'이란 ＿＿＿＿＿＿＿(이)다.
- 그 이유는 ＿＿＿＿＿＿＿＿＿＿＿＿＿＿＿

2) 행복한 몸을 만들기 위해 할 수 있는 일 두 가지를 생각해 보고 실천해 보자.

- 예 악기를 배운다.
-
-

'행복한 나'를 만드는 법

❶ 내 몸에 고통을 주는 요인을 파악하고
예방하고 제거하려고 노력한다.

❷ 몸에 활력을 주는 3대 요소, 즉 수면,
운동, 식습관을 관리한다.

❸ 깊이 몰입할 수 있고 내 몸이 살아 있다는
느낌을 주는 활동을 꾸준히 즐긴다.

참고 문헌

- 김종갑, 〈외모지상주의 – 내면이 된 외모〉, 《착한 몸, 이상한 몸, 낯선 몸》, 몸문화연구소 엮음, 쿠북, 2019년

- 정달식, 〈아름다움의 획일화는 폭력의 또 다른 이름〉, 부산일보(2014. 05. 01.)

- 김주현, 〈환상과 현실의 관계 맺기〉, 《내 친구를 찾습니다》, 몸문화연구소 엮음, 양철북2014년

- 김모세, 〈앙투안 드 생텍쥐페리의 작품을 통해 본 관계와 책임의 윤리학〉, 《외국문학연구》,
  한국외국어대학교 외국문학연구소, 2014년

- John Alan Lee, 〈A Typology of Styles of Loving〉, Personality and Social Psychology Bulletin, 1977.

- 한국정보문화진흥원 인터넷중독예방상담센터, 청소년용 게임 중독 척도, (www.kado.or.kr/iapc)

- Vernon, Tony, Encyclopedia of Personality and Individual Differences,
  2016 DOI: https://doi.org/10.1007/978-3-319-28099-8_1513-1